そっとページをめくる

野矢茂樹

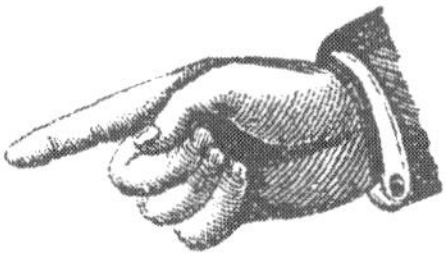

そっと ページをめくる

読むことと考えること

岩波書店

はじめに

どうも人間が旧式にできているものだから電子書籍というものになじみがない。やはり紙のページをめくりたい。ベッドにひっくりかえって本を読んでいて、眠くなると本を開いたまま顔の上にのっけて、本を目枕がわりにうとうとする。そのときのそこはかとない紙とインクのにおい、よくないですか？　え、分からない？……そうですか。まあ、いいや。本ってそういうふうに使うためのものじゃないですからね。

情報を得るために本を読むのなら、電子書籍でもかまわないし、要領よくさっさとページをめくった方がいい。だけど、そうではない本の読み方もある。なんとなく私は、それを海に潜っていくイメージで捉えたくなる。本を開く。とぽん。静かに海に入る。そしてゆっくりと潜っていく。体が海に包まれる。静けさの中で、本の声だけが聞こえてくる。そうしてしばし耳を澄ませ本の世界を味わって、海面へと浮上する。

　本によっては一度読んだだけでは歯が立たないこともある。それを適当に一度読んだだけでよしとしてしまうと、けっきょくは自分がすでに分かっていることだけを拾い出して終わりということにもなりかねない。ときどき、いるでしょう？　自分と同じ考えが書かれてあるとその本はいい本だとほめて、自分と違う考えが書かれているとこの本はだめだとけなす人。それじゃあ本を読んでもつまらない。一度読んだだけではよく分からないというのは、むしろチャンスである可能性が高い。二度、三度と読む。本の中に潜っていって、聞こえてくる声に耳を澄ます。そうすると、あるとき「あ、そうか」と気づくかもしれない。それこそが本からの贈り物なのだ。いままで自分がもっていなかったものを、そのときあなたは手にしたのだから。

　さて、いまあなたが手にとっているこの本はどうだろう。本書は私が読んだ本についての本である。とすると、読書ガイドとして情報を得るために読むこともできる。もちろんそれでもかまわない。私はここで私が取り上げた本をすべてお薦めしたい。ただひたすら楽しい本もあれば、知らなかったことを教えてくれる本も、心を揺さぶられる本も、そして考えさせられる本もある。私がそれらの本を紹介している文章を読んで、当の本を読んでみたくなったとすれば、それは私にとって本望である。

でも、こうしてそれを本にするからには、私は本書をたんなるブックガイドにするつもりはない。この本を読むこと自体が読書の楽しみを与えてくれることを願っている。旅行ガイドではなく旅行記のようなものと言ってもいいかもしれない。だとすれば、旅行はしなくとも旅行記を読むのは好きだという人がいたっていいだろう。

前半は書評を中心にまとめた。書評は短いものであるから、取り上げる本の核心――ヘソですな――をギュッとつかまえることを心がけている。しかし、それでもその短い中で私自身も遊ばせてもらっている。だから、もしかしたら、取り上げられた本には関心がなくとも書評を楽しんでもらえるかもしれないし、あるいは、すでにその本を読んでいる人にも、「なるほど、この本のヘソはこだったのね」と膝を打ってもらえるかもしれない。

後半の第Ⅱ部はよりディープな「読む」体験を取り上げている。言葉の話や哲学は私自身の関心と重なるので、ついこっちも暴走し始める。アメリカ文学の研究者である都甲幸治《とこうこうじ》さんが、あるとき、学生たちに「自由に読むことと勝手に読むことは違う」と教えていたんだとおっしゃっていた。それを聞いて私はなるほどとうなずいたのであるが、なかなか微妙なところではある。微妙ではあるが大きな違いでもある。自由に読め。でも、勝手に読むんじゃない。はい。肝に銘じておきます。

第II部では、小説を読むなどというジャンルにまで足を踏み入れてみた。海に潜るイメージを繰り返すならば、ここで私はいっそう深く潜っていく。読者にも一緒に潜ってもらいたいので、哲学と小説は原文を載せておいた。初心者にとっては、本の世界に潜っていくレッスンにもなるだろう。そして腕自慢の人たちにとっては、私と一緒に潜ることで私の読み方に共感したり反発したり、きっと、一人で潜るよりもずっと楽しい経験ができるに違いない。

そっとページをめくる

目次

はじめに

I　もっと広く！……………………………………… 1
小説もある、哲学書もある、マンガもある

1　書評という小さな世界　2

取り上げた本――あふれでたのはやさしさだった 2／哲学してもいいですか？ 5／ちいさい言語学者の冒険 7／中動態の世界 9／人工知能はどのようにして「名人」を超えたのか？ 11／通信制高校のすべて 13／無くならない 14／インタビュー 16／ぐるぐる♡博物館 18／土偶界へようこそ 20／湯殿山の哲学 23／新・風景論 26／神様の住所 29／昆虫の交尾は、味わい深い…。 32／大人のための社会科 34／新しい分かり方 36／森へ行きましょう 39／新哲学対話 41／学校では教えてくれない差別と排除の話 43／情動の哲学入門 45／セトウツミ 47／ギガタウン　漫符図譜 49／トレイルズ　「道」と歩くことの哲学 51／縄文人に相談だ 53／ＡＩ vs. 教科書が読めない子どもたち 55／名画の中の料理 57／Ibasyo 60／ねみみにみみず 63／刑務所しか居場所がない人たち 65／言葉の魂の哲学 67／イメージの人類学 69／ディス・イズ・ザ・デイ 72／はざまの哲学 75／思考としてのランドスケープ　地上学への誘い 76／みな、やっとの思いで坂をのぼる 79／食育のウソとホント 81／考えるとはどういうことか 83／いつか深い穴に落ちるまで 86／タコの心身問題 88／考えるための日本語入門 91／奉納百景 92／その部屋のなかで最も賢い人 94／人体の冒険者たち 97／わるい食べもの 98／天然知能 100／胎児のはなし 102／まともがゆれる 104／そっとページをめくる 107
2　大人のファンタジー　109
3　辞書には何が書いてあるか　113

II　もっと深く！……117
新しい世界が広がる

4　『英単語の世界』（寺澤盾）を読む　118

5　『子どもの難問』を読む　130
　1　「大人とは、遥かにとおい思いをいだく存在である」（熊野純彦）を読む　131
　2　「新しい世界に歩み入る」（田島正樹）を読む　145
　3　二人からの返事　167

6　「土神ときつね」（宮澤賢治）を読む　175

おわりに　217
本書で取り上げた本　221
初出一覧　224

I

もっと広く！

小説もある、哲学書もある、マンガもある

1　書評という小さな世界

刑務所で奇跡が起こった

寮美千子『あふれでたのはやさしさだった』

もしも私たちが、そう、これを書いている私も、読んでいるあなたも、自分の奥に抑え込んでいる思いや気持ちを言葉にできて、そしてそれをそのまま受け止めてもらえたならば、おそらくその瞬間に魔法のように、いやむしろ魔法が解けたときのように、何かが変わるに違いない。おとぎ話とは逆に、がんばって王子のふりをしようとしてきた自分が本当はカエルだったとしても、その姿を受け止めてもらえたならば、私は安心してカエルでいられるだろう。

だが、それがどれほど難しいことか。奈良少年刑務所で起きたことは、著者は奇跡ではないと言うけれど、私にはやはり奇跡のように思われる。一七歳から二五歳までの受刑者たち、その中でも集団行動ができず孤立した「精鋭たち」に対して社会性を身につけてもらうための授業が行なわれた。作家である寮さんはその講師を月一回担当した。なによりもだいじなことは、何を言ってもだいじょうぶなんだという安心感を与えること。それができれば、おずおずとでも人は抑え込んでいたものを言葉にし始める。そしてそれが詩になった。いいとか悪いとかいうのではなく、誰もがその言葉を受け止めた。そうして心の扉が少しでも開いたことを、みんなが喜びをもって迎え入れた。一番喜んだのは、きっと本人だろう。魔法が解けて、元の姿に戻っていく。そのエピソードのひとつひとつに、私は目頭が熱くなるのを感じた。

彼らは、想像を絶する貧困、虐待、孤立を経験してきた。そして自分を守るために鎧《よろい》を身にまとい、あらゆることをその内に押し殺した。逆説的だが、だからこそ、この奇跡の授業が成り立ったのだと思う。私たちはといえば、無自覚の内に、まるで元からの皮膚のようにして鎧に身を固めている。これを解除するのはよほどたいへんだろう。でも、私たちにも留め金をはずして素肌に触れあうようなときがある。だから、なんとかこうして生きていられる。

うれしかったこと
ぼくがいままでに　一番うれしかったことは
友だちがいたことです

詩は『あふれでたのはやさしさだった』156ページより．写真は奈良刑務所の様子，
撮影：上條道夫．『空が青いから白をえらんだのです』新潮文庫，2011年より

押しつけの鋳型を問い直す

三谷尚澄『哲学しててもいいですか?』

哲学教育が大学から追いやられようとしている。私も哲学の教師として、困ったことだと思っている。だがその「困った」は、タコツボでぬくぬくしていたら出て行けと言われてうろたえているタコのような「困った」かもしれない。私はこの本を読んで、そんな自分をちょっと恥じた。著者がつきつける「困った」は、そんなタコのため息とはほど遠いものである。

文科省は、とりわけ人文系の学部に対して、これを学べばどういう職業的技能が身につくのかを明確にせよと求めてくる。それがはっきりしない学部は、より社会的要請の高い分野に転換しろと言うのである。

文科省は学生を鋳型にはめようとしている。そしてあなたの学部ではどんな鋳型を提供しているのか、と問うてくる。他方、哲学は鋳型そのものを考え直し、論じようとする。なじんだ考え方に新たな光を当て、他の考え方の可能性を探ろうとする。だから哲学は学生を鋳型にはめる教育にはなりえないし、まさにそこにこそ、哲学教育の生命線がある。

　こわいのは、学生たちの多くもまた鋳型にはめてもらいたがっているということだ。いまの我が国は、国民に考えさせず、一方的に決めつけようとする。ところが国民の側からも、決めてくれた方が考えなくて済むから楽でいいといわんばかりの声が聞こえてきはしないだろうか。

　そんな時代に、哲学教育が果たすべき役どころはむしろ大きい。では、その役どころとは何か。三谷さんはそれを模索する。

　この本は、その意味でまさに「哲学的」に書かれている。あなたの代わりに考えて、上から目線で決めつけたりはしない。一歩ずつ、読者とともに、考えようとする。だから、読み終えたときあなたは著者とともに、次の一歩へと歩み出すに違いない。私たちは、私たちがどうすべきなのか、私たち自身で、考えなければいけない。

彼らは規則正しくまちがえる

広瀬友紀『ちいさい言語学者の冒険』

「これ食べたら死む?」と五歳のK太郎が聞く。大丈夫、と母親。「ホント? 死まない?」と涙目のK太郎。かわいい。

言葉を覚え始めたばかりの子どもの好プレー・珍プレーが楽しい。――というだけの本ではない。この母親、つまりこの本の著者広瀬さんは、言語学の専門家である。だから、勉強にもなり、おおいに感心させられ、感嘆する本になっている。

私たちは、言葉というこんな複雑なものを、どうやって学んできたのだろう。もう自分が言葉を学んできた過程はすっかり忘れてしまっている。その不思議の箱を、いままさに言葉を学びつつある目の前の子どもが、開いてくれる。

「死む―死まない」、これをこの母親は死の活用形と呼ぶ。多くの子がこう活用するらしい。なぜか。彼らは、けっして思いつきでめちゃくちゃを口にしているのではない。実は、「規則正しくまちがえている」のである。どんな規則？　それを言語学者たる広瀬さんは解き明かしてくれる。

おそらく子どもは、「死」という言葉をまず「虫さん死んじゃった」のような言い方で学ぶ。一方で「飲んじゃった」「読んじゃった」のような言い方にも触れ、「飲む―飲まない」「読む―読まない」という活用も覚える。だとすれば、そこから自然に「死む―死まない」という死の活用形が出てくるではないか。

子どもたちは手に入れたいくつかのデータから規則性を見てとり、それを大胆に応用していく。だから、そのまちがいは彼らが見てとった規則性の延長なのである。

K太郎君，5歳．写真提供：広瀬友紀

私が一番面白かったのは「テンテン」の話だった。「さ」や「た」にテンテンをつけた「ざ」「だ」は正確に発音する。じゃあ、「は」にテンテンは？　だが、多くの子どもが「ば」をうまく発音できないという。これも、子どもが見てとった規則性の延長にある。しかも――いや、あとは本を読んでもらおう。しかし、ああ、言いたい！

「する–される」関係からの解放

國分功一郎『中動態の世界』

哲学の本を読む最大の喜びは、それが新しい考え方・見方を示してくれることにある。それによって、いままでの景色が違った見え方をするようになる。新しい世界が開けてくる。

私たちの生活は何かをすること、また人から何かをされることによって成り立っている。そこには能動と受動の関係がある。ふつうそのように考えるだろう。だが、この本を読むと違う光景が広がり始める。

かつて「中動態」という言葉があった。私たちになじみの「能動態–受動態」という対は、古代の言語では「能動態–中動態」という対であった。いまは失われてしまったこの語り方を理解するには、「する–される」という捉え方から解放されねばならない。

例えば「花子が寝ている」という場合、花子は「寝る」という行為をしているのではなく、花子において「寝ている」というできごとが生じているとされる。そしてできごとが完全にその主語のもとにあるとき、それは中動態と呼ばれる。他方、「花子が猫を撫《な》でる」のように、できごとが主語である花子から猫に向かうとき、能動態と呼ばれる。

「誰かが何かをする」のではなく、いっさいをできごとの生起として語り出す。この「中動態―能動態」という語り方を手にして、國分さんは哲学書や小説を読み解いていく。あたかも、地下迷宮に潜り込み、いにしえの名剣を手に入れた冒険家が、地上に戻り戦いに向かっていくかのようだ。

私たちもまた、この本から手渡された「中動態」という新たなまなざしで、私たち自身の生活を見直してみよう。すると、「私がなんとかしなくちゃいけない」とか「人がなんとかしてくれる」といった、「する―される」に囚われた思いから解き放たれてくる。そうしてこわばりがほどけ、自然体になることができたとしたら、それが「自由」というものであるかもしれない。私はいまそんなふうに予感している。

たいへんな勉強家、だから強い

『人工知能はどのようにして「名人」を超えたのか？』

山本一成

将棋ソフト「ポナンザ」が名人に連勝した。いまやコンピュータは完全に人間よりも強くなっている。山本さんはそのポナンザの開発者である。だからこの本には開発にまつわるドキュメンタリー的な面白さもふんだんにある。そしてなによりも、山本さんは驚異的に説明がうまい。囲碁や将棋に関心がなくとも、いったいいま人工知能がどうなっているのか知りたいという人、山本さんが分かりやすく教えてくれる。

こんなふうに思っている人は多いのではないだろうか。コンピュータは人間よりもはるかに先まで計算できるから強いのだ。あるいは、いくら強くてもけっきょくは人間がプログラムするんでしょう？――誤解である。もちろん最初は人間がスタート地点を設定する。しかしあとはコンピュータが自分自身と対局を重ねて、勝利に結びつきやすい手を経験から把握していく。つまり、論理的だから強いのではなく、たいへんな勉強家なのである。一兆もの対局経験をもつ人間

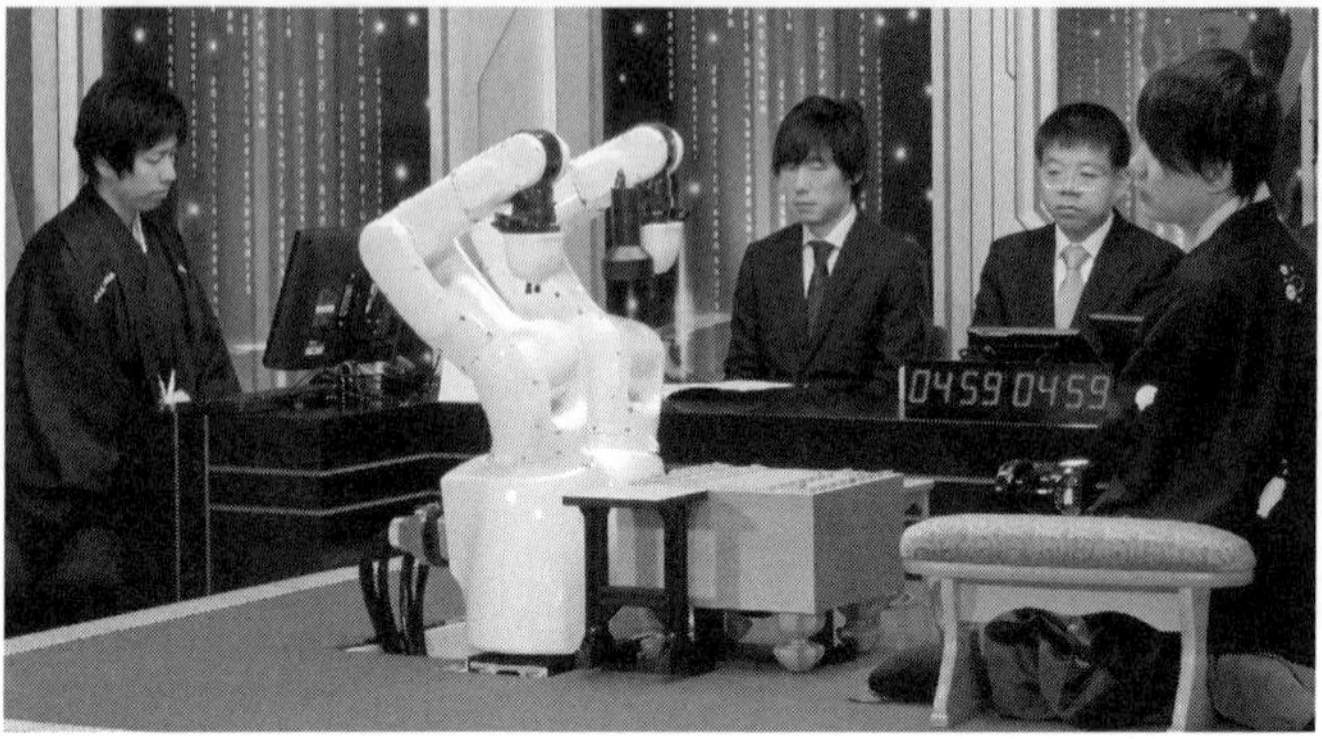

2017年春，ポナンザと対戦する佐藤天彦名人．左でコンピュータを操作しているのが山本一成さん．写真提供：山本一成

なんて、いやしない。

山本さんは人工知能を「私たちの子供」と言う。この子は自《みず》ら経験を積んで学んでいく。山本さんはそれを見守り、必要に応じて改良を試みる。そして人工知能は、親をはるかに超えて成長していく。

私は、プロ棋士が人工知能に勝てない事態を苦々しく感じていた。でも、それは違うのだろう。例えば車は人間より速い。だけど私たちはマラソンを楽しむ。総合的にはいまでも人間が一番優秀なのかもしれないが、一番であることを人間のアイデンティティにする必要はない。人間は、へぼだから、楽しいのだ。

棋士たちも、最初はへこんでいたが、コンピュータが開いてくれた囲碁や将棋の深さを、むしろ喜びをもって受け入れているという。いい話じゃないか。この本を読むと、コンピュータと人間の共存の未来に、少し明るい期待がもてそうな気がしてくる。

新しい教育のかたち

手島純編著『通信制高校のすべて』

読み始める前にパラパラ見ていたら、ある一言に目が留まった。「学校というものは、決められた場所で、決められた時間に、決められた教材を使って、決まった年齢の人が集まるところになっていて、それを私たちは当たり前だと思っているけれど」——ああ、そうか、と思った。九人の教師・研究者が、本書において、通信制高校の歴史、現状、そしてそれが開く新しい可能性を語り出す。通信制高校は「いつでも、どこでも、だれでも」学べる教育のあり方をめざしている。いまの学校教育は、けっして当たり前の教育のかたちではない。

通信制高校の大きな役割は、通学型の学校教育に適応できない生徒の受け皿たることにある。だが、それにとどまらずに、「通学制高校」と肩を並べる選択肢となれば、生徒たちも引け目を感じることなく、むしろ自分を肯定的に捉え直していく場になりうるだろう。この本を読んで、すでにその歩みは始まっていると感じた。

肩書が無いところに「力」の源

佐藤直樹『無くならない』

佐藤さんは「アートディレクター」として二〇年以上仕事をしてきた。しかし、もうそんな肩書はやめようと言う。とはいえ、仕事をやめるわけではない。

仕事は続けつつ、新たに絵を描き始める。「なんだ、画家になるってことかい?」いやいや、そう短絡してはいけない。「画家として」絵を描くわけではない。「ああ、既存の作法に囚われずに勝手気ままに描くってこと?」——というわけでもない。ここなんだ。肝心なところは。

創作だとか自己表現だとか言う以前に、私たちは、あるいは人類はと言ってもよい、絵を描いてきた。絵を描くということには何か止むに止まれぬところがある。その力に身をまかせて、絵画の発生の現場に入り込む。それは勝手気ままとはほど遠いものに違いない。そこで、肩書を脱ぎ捨てた素っ裸の佐藤さんは、絵画に「入門」しようとする。門のない勝手気ままな土地をさまようのではない。こっちのままにならない何かがある。だから、その門をくぐって向こうに行き

ベニヤ板に描かれた佐藤さんの作品．写真提供：佐藤直樹

たい。

誰かに認められたい、そんなさもしい気持ちと（難しいけど）手を切って、そうだな、ここは佐藤さんの言葉を引こう。「誰に何を伝えるかということ以前に、「それ自体に心奪われる」瞬間があるわけです。おそらくそれがなければ絵は成立しません。」これは絵に限った話ではない。私は絵は描かないが、この言葉にはぐっとくるものがある。

そして佐藤さんは何をするかというと、ここ数年はベニヤ板に木炭で植物を描き続けている。終わることなく、描き足して現在は九〇メートルの長さに及んでいる。私はそれを見る機会を得たが、なんだろう、このもこもこと湧き出てくる力、静けさとざわめき。圧倒された。

肩書を無くすと自分が無くなってしまうように感じていませんか？　いや、「無くならない」んだな。むしろそこにこそ、「力」の源があるのだと思う。

はりぼて化を拒否するために

木村俊介『インタビュー』

木村さんはそれを「はりぼて」と言う。外見だけをとりつくろった情報が、短い言葉で言い切られ、コピーされ、増殖していく。いまに始まったことではない。私たちはそういう言葉が好きだ。そしてそんな「はりぼて」はいまやネット上に蔓延している。私自身、ものごとや他人に向かうとき、こんなもんだろうと自分のあらかじめの思惑で切り取ろうとする。いわば、世界と他者を「はりぼて化」してしまう。木村さんは、そんなはりぼてを食い破りはみ出ていくものへと、耳を澄ます。

木村さんは一九歳からインタビューを始め、それを二〇年以上仕事にしている。その経験から、「インタビューとは何か」「インタビューには何ができるのか」を語り出す。実際に為されるインタビューの多くは、取材する側のあらかじめの思惑に沿って分かりやすくまとめられたものだろう。しかし、そこから踏み出ていく可能性を、木村さんはインタビューに見出している。はりぼてではない、生身の他者に出会うこと。
あらかじめ何度も資料を読み直し、違和感も抵抗感もある相手の声に身をゆだね、侵蝕されていく。そうして、生身の他者の心の中に、人生の中に、まだ外へと開かれていないその人の孤独の中に潜り込んでいく。この姿勢は、はりぼて化した世界にぬくぬくとしがちな私を揺さぶった。世界と他者のリアリティを、手放してはいけないんだ。そうしないと自分自身がはりぼてになってしまう。

正直に言えば、私は最初木村さんの文章が妙にもたついていると感じた。しかし、それがわざとだと気づいたとき、読み方が変わった。彼はここで肉声を発している。私たちは、木村さんがインタビューでそうするように、彼の声の中に潜り込んでいかねばならない。ついこちらの思惑にかなった分かりやすい言葉を拾おうとしてしまう私たちに、この本自身が、全身ではりぼて化を拒否しているのだ。

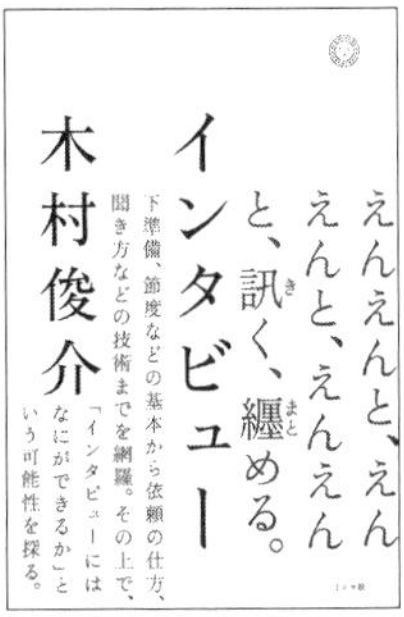
えんえんと、えんえんと、えんえんと、訊《き》く、纏《まと》める。
インタビュー
下準備、節度などの基本から依頼の仕方、聞き方などの技術までを網羅。その上で、「インタビューにはなにができるか」という可能性を探る。
木村俊介

ぐるぐる♡ほえー

三浦しをん『ぐるぐる♡博物館』

　三浦さんが博物館に足を踏み入れる。「ほえー」と感嘆し、「うーむ」と唸り、「あのねあのね」と興奮してにじり寄ってくる。ひとことで言えば、タガが外れる。つられて読者も、タガが外れる。ほえー。

　それで私も気がついた。博物館というものがそもそもタガの外れたものなのだ。声高に語るものは何もない。だがその静謐《せいひつ》は圧倒的な過剰さに満ちている。ある場所は一面の縄文土器。ある場所は石、石、石。ある場所はめがねとめがねに関わる物。ある場所はボタンとバックル一六〇〇個。たんに物が溢れているだけではない。学芸員たちの思

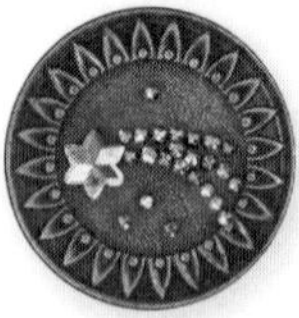

いも、過剰である。

私はさまざまなボタンの写真を見て、なんというか、うむむ、三浦さんの言葉を引こう。「だってだって、ものすごーく細工が細かくて、色も柄も材質もうつくしくて、宝石のようなボタンがたくさん並んでいるのですもの。かわいらしいお菓子みたい！」なのである。いや、ほんと。

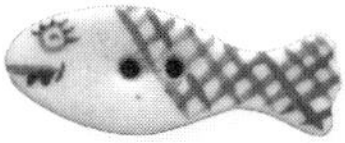

ボタン博物館蔵

造形美、かきたてる想像力

譽田亜紀子『土偶界へようこそ』

縄文のビーナスって知ってますか？　国宝土偶の第一号である。知らないという人、こっちにいらっしゃい。いや、実は私も有名な遮光器《しゃこうき》土偶ぐらいしか知らなかった。この本の受け売りでお教えすると、土偶というのは縄文時代、およそ一万五〇〇〇年前から二四〇〇年前まで続いたとされる時代に作られた、人の形をした土の焼き物のこと。何のために作られたかはよく分かっていない。でも、なんらかの仕方で祈りに関わっていたことはまちがいないだろう。そして、その多くが女性である。

さて、そんなことは知ってらあという人、そして縄文のビーナスも知ってるよという人、そういう人にこそ言いたい。あなた、縄文のビーナスのお尻、まじまじと見たことありますか？　土偶を見るとき、たいてい正面に注目するだろう。しかしこの本は、正面だけでなく、右横、左横、背中、そしてときには上からやアップを掲載している。一ページを使って、どーんと縄文のビー

右　《縄文のビーナス》背面、国宝、茅野市蔵
茅野市尖石縄文考古館
左　《縄文の女神》側面、国宝、山形県蔵
山形県立博物館

ナスの後ろ姿がある。それが、もう、実にいいケ……形態をしているのである。

　縄文の女神と呼ばれる土偶もあるが、これなど横から見てみないとその造形のすごさは伝わらない。どっしりした下半身から、前に突き出された上半身がすっと上に伸びている。まるで稲光のような、エッジの効いた形に心底ほれぼれする。

　この本にはそんな写真が満載である。だが、いま紹介したような国宝級の造形のすばらしさは、この本が伝える土偶の魅力の半分にすぎない。譽田《こんだ》さんは、絶対国宝にならない級の土偶たちに愛情を注ぐ。例えば「なで肩の土偶」と題された土偶がある。鼻がにゅっと突き出て、ちょっと左下の方を見ている。肩からにょきっとハの字形に腕が出て、おっぱいがぽこっぽこっと出っ張って、なんともぞんざいな作りである。だが、そのぞんざいさが、無言の何かを伝えてくる。力のある役者が舞台に立つとその空間が引き締まる、そんな雰囲気さえある。他にも、なんだかもっさりしてたり、ぽやあとしていたり、ぎょろっとしてたり、野放図だったり、でへへだったり。見飽きない。

真上を見ている土偶がある。口をぽっと開け、あどけない表情で。なぜ、何を、見上げているのだろう。譽田さんは、人が胸の前で持ったときに土偶が話しかけてくるようにではないか、と想像する。この想像力が、学術書にはない魅力になっている。誕生、死、病気、食料、災害、こうした私たちにはどうしようもない力と向き合い、祈り、その願いを土偶に込めた。そんな、縄文という時間がそこに露出している。私の中で、ふるふると共振するものがある。

故郷の呼び声で現われる「私」

山内志朗『湯殿山の哲学』

湯殿山《ゆどのさん》は存在の襞《ひだ》だ、と山内さんは言う。

私は一応哲学をやっているが、曖昧で晦渋《かいじゅう》な言葉に出会うとたいてい不愉快になる。しかし、この本の言葉は、ときに難解ではあっても、心地よかった。それはおそらく、その言葉が一貫して切実な響きを帯びているからだろう。

山内さんは月山の麓、谷あいの山村に生まれた。「山内」という姓は、信仰の地である湯殿山の霊域に住む者であることを示している。霊域に育った少年は、やがて東京に出て、中世スコラ哲学を専門とするようになる。そして再び、西洋哲学を携えて、湯殿山へと回帰する。山内さんはそれを鮭の遡上にも喩える。遡上した哲学者が、故郷の記憶を、湯殿山の自然と歴史を、そして張り裂けそうな思いを、綴っていく。

その源流への回帰が、「存在」への回帰として語られる。ここに本書の核心がある。一方では、

小学６年生頃．写真提供：山内志朗

「この私」が他のものに代えられない個としてある。同時に私は一般的に「人間」としても捉えられる。私はまた「生物」として、さらに一般的に捉えられもする。そして最も一般的な捉え方として、「存在」という概念がある。だがここで、「この私」という個の極《きょく》と「存在」という一般性の極がくっついているとしたならばどうか。二つの極は遠く離れているように見えていながら、実は一つのものだったとすれば。

「存在」という概念は生物であれ無生物であれこの世界に在るすべてのものに当てはまるために、むしろ無内容に見える。だが、存在はけっして無内容なのっぺらぼうではなく、襞をもっている。その襞が開かれ、そこに人間という姿が、あるいは山や樹々という姿が、そして「この私」という姿が現われてくる。だから、私が私に出会うためには、存在へと回帰していかねばならない。

山内さんは、湯殿山という存在の襞を意識する以前から、湯殿山を心身の奥深くに染み込ませていった。その呼び声に耳を澄ませ、湯殿山に包まれ貫かれながら、彼は湯殿山のことを語り出す。いや、そうではない。湯殿山に語らされているのだ。それによって、そこで自分自身に出会うのである。

私はといえば、東京郊外のベッドタウンで育った。湯殿山はない。筋違いとは承知しつつも、そのことが少しくやしい気もしないではない。だが、微かだけれども呼び声が聞こえる。私という現われを見せてくれている存在の襞。本書がその声に気づかせてくれる。この本は、山内さんの故郷と少年時代を綴った、とても個人的な本でありながら、どんな読者にも届く普遍性をもちえている。

絵のような景色、嫌いですか？*

清水真木『新・風景論』

太宰治はいかにもな富士の景色を見て、「風呂屋のペンキ画」と軽蔑した。清水さんは太宰に共感し、さらに最近あちこちで見かけるわざとらしい日本風の街並み作り（和風テーマパーク）も批判する。ところが私ときたら、書割《かきわり》のような富士を見て美しいと感嘆し、和風に演出された通りを歩いても「ちょっといいかも」なんぞと思うタチの人間なのである。

絵のような景色を風景のよさとする考えを、清水さんは「絶景の美学」と呼ぶ。一八世紀後半から一九世紀初めのイングランドにおいて、絵になる風景を求めて旅する作家たちが現われ、絶景の美学が形成されていった。清水さんは、現代のわれわれも絶景の美学に支配され、風景がもつ真の豊かさが奪われていると断罪する。

ではその真の豊かさとは何か。ここからがちょっと説明が難しい。例えば友人が近づいてくるのを見るとき、私の目には彼女の姿だけではなく、道路や街路樹や周囲の店なども目に入っている。しかし、そうしたさまざまなものはとくに意識されていない。ある対象を捉えるためには、その対象を取り巻くものたちもそうと意識されずに捉えられていなければならない。それを哲学は「地平」と呼ぶ。ところがなんらかのきっかけで、そうした地平そのものが意識されることがある。著者は、これこそが風景であると論じる。

地平は主題化されない仕方で私を取り巻いている。それは私が生きている場である。だから、風景とは私が生きている場がそこに立ち現われてくることにほかならない。風景には、書割にはない広がりと深さがある。ここに、風景のもつ真の豊かさがある。

私はこの本によって確かに風景について目を開かされる思いがした。だけどさ、でもね、だからといって絶景や和風テーマパークを貶《おとし》めなくたっていいじゃないか。

私は本を閉じ、ふーむと唸《うな》り、書割擁護論に思いを馳せるのだった。

＊朝日新聞の書評は四〇〇字の短評以外は担当の記者がタイトルをつける。本書でも基本的にすべてその方につけていただいたものを使わせてもらっているが、この書評だけはタイトルを変更した。この書評が掲載されてすぐに、一緒に書評委員をしていた横尾忠則さん(私が一〇代から憧れていた人！)からメールをいただいた。それには、野矢さんの言う通りだ、絶景なにが悪い、書割こそ芸術的で現実と非現実を統合してくれるのですと、熱いメッセージが綴られ、元のタイトルであった「絵のような景色、好きですか?」ではなくて、「絵のような景色、嫌いですか?」にすべきと書かれていた。そういうわけで、この書評だけはタイトルを変更した。

横尾忠則《銭湯》
2001 年，東京都公衆浴場業生活衛生同業組合
1030×728 mm，紙にオフセット，国立国際美術館蔵

言葉と戯れ、言葉に遊ばせる

九螺ささら『神様の住所』

あのね、九螺《くら》さんはこれが初めての本で、まだ無名のこれからの歌人なのだけれど、* これからが楽しみとかじゃなくて、そのときそのときのよさがあると思うのだよね。

耳たぶのやわらかさになるまでこねてキツネ色になるまで焼いて食べて

って、なんかうふふな気分になる。あれ、これ五七五七七じゃないのか。でも、こねこねしてるリズムと「焼いて食べて」ってリズムが気持ちいい。

各章は、まず短歌を掲げて、それからエッセイが二ページほど続いて、また短歌で締められる。私は短歌の世界は詳しくないから、この短歌たちがどう新しいのかは分からない。たまに読むと現代短歌の中には技巧的な短歌やわざと無技巧に見せる短歌もあって、感心はしても、でも向こうにいるって感じがする。だけどこの本は、隣に知らない女の人がちょこんと腰掛けて、短歌と独り言を口ずさむ。そんな感じ。あ、そこのあなた、そんな人が隣にきたらやばいかもって腰を浮かしそうになりました？　よし、ひとつエピソードを紹介しよう。

九螺さんは小学五年生のときに「ふるとりくん」というマンガを描いた。「ふるとり」というのは部首の名前で、「隹」のことだ。ふるとりくんは木に登って「集」になったり、少なくなって「雀」になったり、そして最後は「離」になって地球から去ってゆくという壮大なドラマ。これ、面白くないですか？　こんな少女がそのまま大人になったんじゃないかな。

　鳥一羽わたし一人のこの部屋に「とりとひとりと」言霊《ことだま》が巡る

言葉と戯れて、言葉に遊ばせながら、ふとした拍子にはるか遠くにそのまなざしが吸い寄せられる。

　〈天地無用〉のシールが貼られたところから天と地がじわじわ染み出ている

その短歌は、さあ解釈してごらんと挑んでくることがない。いいんだ、まんまで。だって天と地が、ほら、じわじわと染み出てるんだから。

＊九螺さんはこのあと第二八回 Bunkamura ドゥマゴ文学賞を受賞された。おめでとうございます。

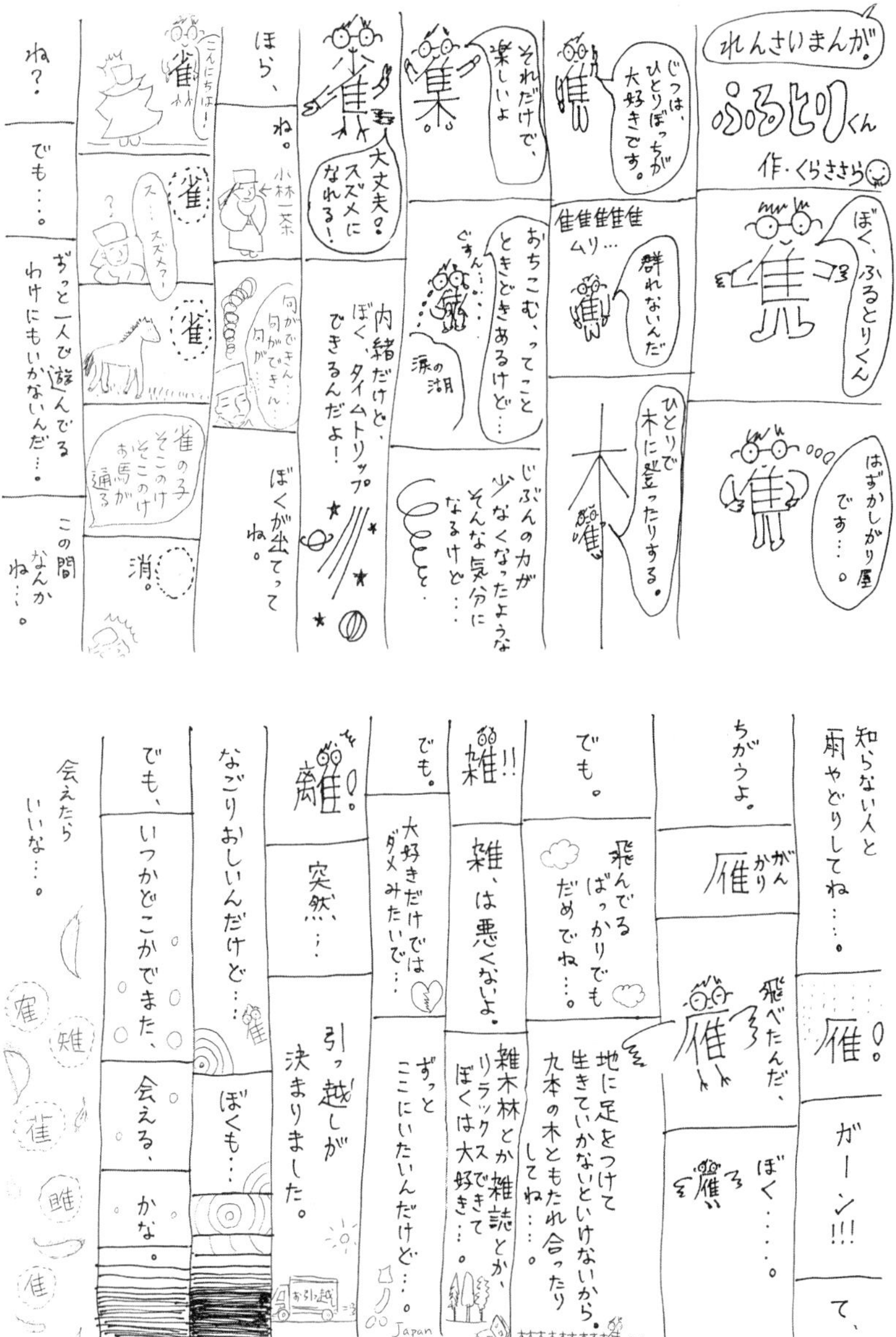

九螺さんに新たに描いてもらった再現マンガ「ふるとりくん」

死んだ方がまし

上村佳孝『昆虫の交尾は、味わい深い…。』

昆虫や交尾に興味がなくとも、人間(昆虫の交尾なんて研究に情熱を傾ける人間という面白き存在!)に興味があれば、この本は楽しめる。上村さんは昆虫の交尾を観察し、読者はそんな上村さんを観察するのである。

ハサミムシのオスの挿入器は二本ある。なぜ? 調べてみる。どうも右しか使っていない。左は何のためだろう。そこで右挿入器を取って交尾させ、左を使うかどうか試してみる。結果は? いや、結果より、この研究の過程が楽しい。最先端の機器など不要。ピン

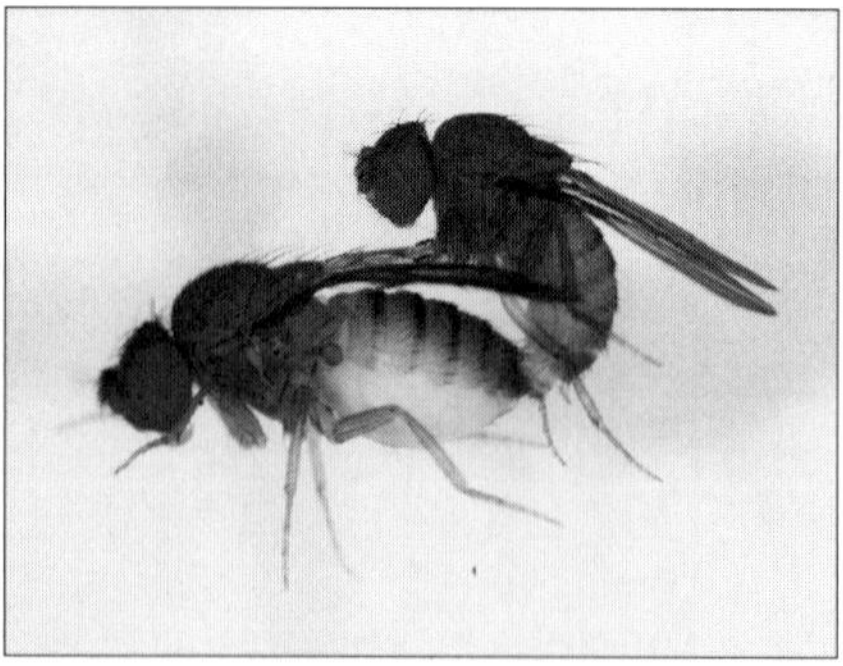

Kamimura Y (2007) Biology Letters 3 : 401–404 および上村佳孝,三村博之 (2011) 低温科学 69 : 39–50 より改変

セットをもって虫たちに向かう。ここには昔ながらの手作業の科学がある。

　ところで昆虫の交尾ってどうやって観察すると思います？　あのね、交尾している彼らを液体窒素（マイナス一九六度）に入れて固定するんですよ。なんまんだぶ。しかしあなた、我が身に引きつけて考えてごらんなさい。交尾の最中に瞬間冷凍されて結合部を観察されるなんて、死んだ方がましである。（いや、死んでいるのだが。）

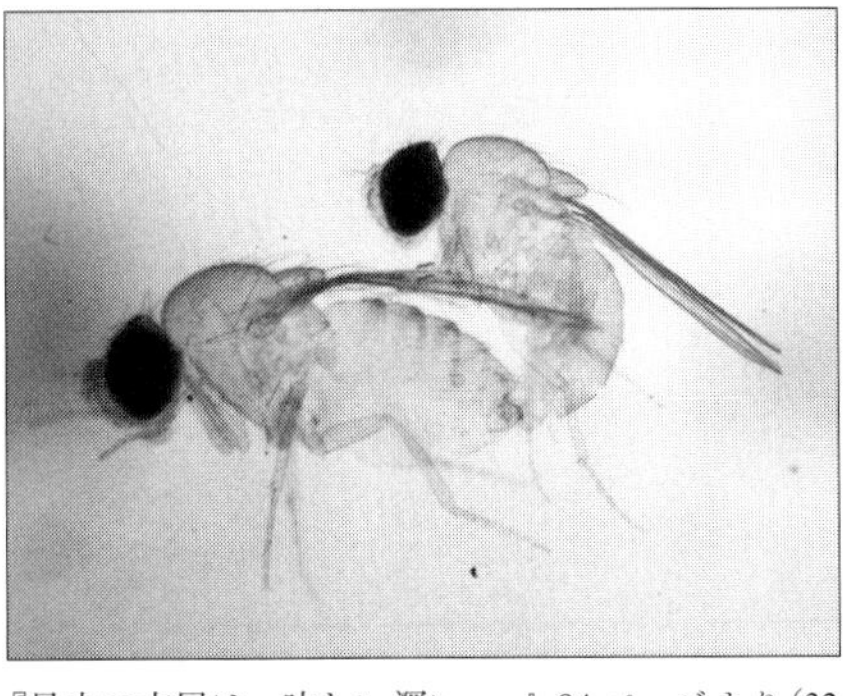

『昆虫の交尾は，味わい深い…。』84 ページより（32, 33 ページともに）．

「どこかおかしい」を解き明かす

井手英策、宇野重規、坂井豊貴、松沢裕作
『大人のための社会科』

「現代社会の基礎知識を教えてくれる本かな」

「そう思っちゃうよね。表紙しか見てないだろ」

「いや、目次もちょっとは見たさ。第1章は「GDP」。ちゃんとは分かってないから、教えてもらえるとありがたい」

「だから、そういう早分かりの本じゃないんだよ」

「違うの？」

「いまの社会って、どこかおかしくなってるだろ？　ぼくらが感じているその漠然とした違和感の正体を、この本は解き明かそうとしているんだ」

「目次を見ると、最後の章が「希望」とあるね」

「そう。それがこの本のポイントだな」

「未来は明るいぞって教えてくれるの?」

「いや、そうじゃない。社会科学って、未来を予測してくれるようなイメージがあるけど、この本がめざしているのは将来の日本を予測することじゃない。未来はどうなるか分からない。だけど、私たちはきっとそれをいい方向に変えていける。つらい道かもしれないけれど、変えることができるという信念。これが「希望」だ。

いまの日本の何が問題なのか、どうしてそういう問題が生じたのかをはっきりさせる。そうして希望をもつための足場を作ろうとしているんだ」

「なるほど、「GDP」の章も、GDPとは何かを説明するというより、GDPを指標にして社会を評価することの問題点が論じられるわけだ」

「そう。四人の専門家たちがそれぞれの視点から現代社会の問題を取り上げている。しかもね、読んでいるとひんぱんに他の章が引き合いに出される」

「どういうこと?」

「たんに原稿を寄せ集めたんじゃないってことさ。四人が議論を重ねて、お互いの考えを熟知した上で、書かれている」

「そうなんだ。表紙とタイトルを見ただけじゃ分からないな。読んでみるよ。希望をもつためにも、ね」

心地よく見え方をずらされる

佐藤雅彦『新しい分かり方』

とりたてて何も考えずに何かを見ているときでも、見ることのうちに「思考」は入り込んでいる。テーブルの上をぼーっと見ているとき、テーブル、コーヒーカップ、スプーン、そういう意味をもったものとして、それらを見ている。

あるものをコーヒーカップという意味で見るということは、それをコーヒーと関係づけて見るということだ。テーブルは何か物を載せるものとして、スプーンは何かを掬《すく》うものとして、あるものは他の何かと関係づけられることで、特定の意味をもつ。この、他のものと関係づける働きを「思考」と呼ぶことができる。だから、何かを見ているとき、それはつねになんらかの思考のもとにある。

この本に挙げられている例を一つ紹介してみよう。次の文を読んでみてほしい。そしてそれから、本を逆さまにしてみる。

はるのおがわは
さらさらゆくよ

どうです？　あれっと思った人、いくつかの文字が反転しているのに、ひっくり返す前には気がつかなかった人も、多いんじゃないだろうか。

私たちはふだん何の気なしにさまざまなものごとを見たり聞いたり触ったりしている。しかし、その多くの部分が思考によって形作られているのである。いまの例で言えば、「はるのおがわはさらさらゆくよ」という文の意味がまず頭にあって、それに導かれて読んでしまうので、文字が反転していることに気がつかない。

この本には解説やエッセイもあるが、中心はそんなふうに仕掛けられた絵や写真だ。ニヤッと

『新しい分かり方』176–177 ページ．撮影：田村友一郎

したり、首を傾げたりしながら、ああ、ものを見ることは、他のものとの関係を考えることによって成り立っているのだなあと、実感するだろう。

さらに、その関係をずらしてみたり変えてみたりする。同じ一つのものが、ふだんと違う一見無関係なものと結びつけられることによって、あるいは異なる枠組のもとに置かれることによって、その見え方も変わってくる。この、ふだんと違う見え方にずらされていくときのズレの感覚がとても、心地よい。

私が気に入っているのは、親指に目玉を貼り付けて、鏡の後ろから手を半分のぞかせると、それが鏡に映って、まるで変てこな生き物のように見える写真。言葉で説明しても、よく分からないでしょう。うふふ。

なんだか脳がむずむずして、自分でも新しい見方でものを見直してみたくなる。

歪み、増殖していく物語に迷う

川上弘美『森へ行きましょう』

最近はなかなか迷子になることもない。だけど、私はけっこう迷子になるのが好きだ。いまどこにいるのだろうという、心細さがいい。ただし、その心細さを受け入れる気持ちの余裕も必要だけど。

この本は川上弘美の長編小説である。「一九六六年　留津　〇歳」から始まり、「一九六六年　ルツ　〇歳」と続く。そして同じ時に生まれた同じ音の名前をもつ二人の人生が語られていく。留津とルツが出会うことはない。二つの物語が同時進行していくのだが、一方の物語の登場人物がもう一方の物語に出てきたりする。読者は、語り出されるエピソードや人間観察に、ときにニヤリとし、ときにドキリとしながら、二つの物語を並行して読み進んでいく。

だが、物語の前半ですでに感づかなければいけない。なんだろう、この微弱な緊張感は。時間は二人が五〇歳になる二〇一七年まで整然と刻まれていく。しかし、いわば物語の空間が歪むのである。お互いの登場人物が交差すると、留津の物語とルツの物語が作用しあって、かすかに陽炎のように物語の輪郭が揺れる。さらに読み進むと、留津／ルツと同じ音の人物が増える。「琉都」「るつ」「流津」「瑠通」「る津」。さらに、同姓同名の人物が、別人なのだが、まったく別人とも言えない仕方で現われてきたりもする。

人生には無数の分岐点がある。小さな分岐点なら、ほら、いまも。そこで人生が変わる。別の道を行っていたならば、どうなっていただろう。その分岐した物語が、ここに描き出されているのである。流れていく時間に沿って、物語の空間が歪み、分岐し、増殖する。しだいに読者はその中で眩暈《めまい》に襲われるだろう。

それが、森だ。人生という森の中に、私はいる。もっと深く。さあ、森へ行きましょう。――どうして？　迷子になるために。迷子を、楽しむために。

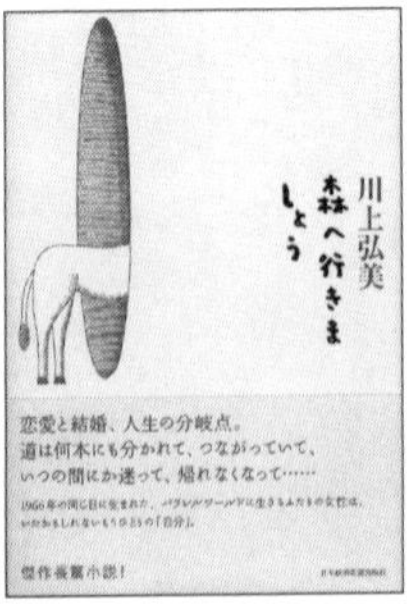

プラトンの文体　生き生き再現

飯田隆『新哲学対話』

知る者は知らない者の優位に立つ。知は容易に上下関係を生む。ところが、ソクラテスは無知の人であった。そこは知らない者こそが活躍する場なのだ。

本書は、プラトンの対話篇を模した四編から成る。ここに登場するソクラテスも無知の人であり、ありがたい真理を手っ取り早く教えてくれたりはしない。だから、教えを乞う読者や権威に従っていたいだけの卑屈な知性には、この本はまったく楽しめないに違いない。逆に、自ら考え知ろうとする知性には、こんな面白い本も珍しい。

新たな哲学問題に気づかされ、立ち止まり、一つずつ検討しながら、ゆっくりと考えていく。何かとせっかちな時代にあって、私たちはこの思考のテンポを取り戻さねばならない。そのために対話は、最善の、そして唯一のかたちだろう。自分と異なる考えに心を開き、吟味しつつ、自分の足で進んでいく。その間ずっとソクラテスが、正解を教える人としてではなく、ともに考え

ラファエロ《アテナイの学堂》, 部分

る人として、あなたの隣にいる。

取り上げられる話題は四つ。一つ目、ものごとのよし悪しは主観的な意見にすぎないのか、それとも何か客観的な基準があるのか。この問題をワインのよし悪しで論じる。二つ目、人工知能は考えていると言えるのか。三つ目、未知の外国語を耳にしたときの聞こえ方と、その言語を習得したあとの聞こえ方は違う。そうした経験は言葉を理解することとどう関係するのか。四つ目、「この文が真であることをだれも知らない」という文によって生じるパラドクス。とくにそれとゲーデルの不完全性定理との関係について。

いやしかし、この書きぶりのみごとさときたら！プラトン対話篇（の翻訳）の文体が生き生きと再現されている。まさに、ものまね芸人がだれか有名人の言いそうなことをその人そっくりに喋ってみせたときの、爆笑ものの痛快さ。名人芸としか言いようがない。

差別のことを知らなすぎた

安田浩一『学校では教えてくれない差別と排除の話』

私は差別を（することもされることも）身をもって実感したことがない。だが、そのことは私が差別と無縁であることを意味してはいない。差別の存在する社会に生きている以上、否も応もなく差別に巻き込まれている。そんな私に必要なのは、説教じみた道徳ではなく、私たちの社会の差別に関する基本的な知識だ。

　本書は、著者自身のいじめられた経験、いじめた経験から始まり、外国人労働者の問題、在日韓国・朝鮮人への差別、ヘイトスピーチ、そして米軍基地を押しつけられている沖縄の問題を語り出していく。安田さんはけっ

『学校では教えてくれない差別と排除の話』
カバーより．絵：金井真紀

して声高に糾弾したりはしない。しかしそこには確かに静かな情熱が溢れている。

差別について知ること。そして差別ということについて想像力をもつこと。私は――あまりにも差別について無知であった私は――、本書に多くを教えてもらった。自分は差別と関係ないと思っている人、むしろそのような人たちにこそ、読んでほしい。

理性こそ判断の主役に、待った

信原幸弘『情動の哲学入門』

冒頭、こう書き出される。

「とかく情動は悪者にされやすい。しかし、本当にそうなのだろうか。」

「情動」という語よりも「感情」と言った方がピンとくるだろう。「感情に流されると理性的な判断ができなくなる。だから、いかに感情を押さえて理性的になるかがだいじなんだ。」私がそんなふうに思っていると、信原さんはそれに真っ向から異を唱える。

うまい料理を喜び、歯を剝いて唸っている犬に恐怖を覚える。そのとき私たちは、料理にプラスの価値を見てとり、唸る犬にマイナスの価値を見てとっている。つまり、価値を直観している。そこでこの本では、こうした価値の直観を一般に「情動」と呼ぶ。例えば服を買おうと思い、「これがいいな」と思って手にとるとき、それは喜怒哀楽と言えるほどのものではないかもしれないが、価値を直観しているという意味において、情動とされる。

ピカソ《泣く女》，ペンローズ『ピカソ』新潮社，1978 年

「情動なんかなくたって理性的にものごとを見てとれば、その価値は判断できるでしょう。」私がそう呟くと、信原さんは「本当にそうだろうか」と、待ったをかける。そしてむしろ情動こそが主役であり、理性は補佐役にすぎないのだと、私を説き伏せにかかる。

情動の問題は道徳とも結びつく。またもや私が「道徳は理性的な判断でなければならない」と凡庸なことを言うと、信原さんはその考えを批判し、道徳は情動に基づいてのみ可能になる、と論陣を張るのである。

この本は「入門」と銘打っており、それに違わず実に噛んで含めるように読者に語りかけてくれる。しかし、それでも研究書としての性格は色濃くにじみ出ている。情動を巡る現在の研究状況に言及しつつ、著者自身の立場を確保し、少しでも問題を明らかにしようと手探りで進んでいく。そのような本に対しては、読者も折に触れて立ち止まり、著者の主張に対して問いかけねばならない。

「しかし、本当にそうなのだろうか？」

マンガ表現の枠を広げたラスト

此元和津也『セトウツミ』全八巻

『セトウツミ』第 8 巻 65 ページ.

男子高校生セトとウツミが河原に腰かけて喋る。基本、それだけのマンガである。「こないだ　めっちゃ頭　痛かってんやんか」「どれぐらい　痛かったん」「これぐらいの／大ハンドモンスターに　頭ギュウウウ　摑まれる感じ／ほんで薬」「その大ハンドモンスターって　どうやって生まれてきたん」「50メートルぐらいの　巨大大魔王の　腕が勇者に　切り落とされてんけど／復讐心から　魂が宿ってしまってん／ほんで薬ないか捜してたら　すっごい寒気」「その大ハンドモンスターの　目的は復讐なん？」彼らは今回の第八巻で完結するまで喋り続ける。セトはとりあえず「普通の」高校生に見える。ウツミはとりあえずかなり賢いクールな高校生に見える。人が頭が痛かったと言ってるのに、その比喩に出した大ハンドモンスターの話ばかりを聞き出そうとしているのが、ウツミである。何人かの人物が絡んできて、ストーリーらしきものも展開する。しかし基本的に彼らは放課後という――大人になった私たちが失ってしまったあの――時間に腰掛けて無駄話をする。私は、彼らの会話のリズムと小ネタを楽しみながら、巻を追うごとにその世界にはまっていった。ウツミはたんなるクールな秀才ではない。彼の心は病んでいる。彼が心の扉を半分ほど開けられる唯一の相手、それがセトなのだ。だからセトもまたたんなる「普通の」高校生ではない。それまで一風変わったギャグマンガだと思っていたら、最終巻で、ウツミを救い出しその閉じた心の扉を開くドラマへと急速に焦点が絞られていく。差し出された救いの手を摑んだウツミは、セトのことを「紛れもないスーパースター」だと確信する。そして、あまりにも水際立ったラストシーン。私は、マンガという表現の枠が広がったのを感じた。このラストの素晴らしさについて、誰かと語り合いたくなる。河原に腰かけて。私にはもう放課後という時間はないけれど。

考えてみれば不思議な漫符

こうの史代『ギガタウン　漫符図譜』

漫符——漫画でさまざまなことを表現する記号である。額に縦線が何本も引かれていれば青ざめているのであり、頭上に「ガーン」と描かれていれば何かが落っこちたのではなく、ショックを受けたのである。この本はそんな漫符を一〇〇以上取り上げて解説する。

なれている人にはどうってこともないが、漫符が分からないためにの漫画が読めない人もいるという。そういう人はこの本を手元において漫画を読むといいのかもしれない。だけど、これはむしろ読みなれている人の方が面白いだろう。だって、こめかみに雫を描けば感情表現になるなんて、考えてみれば不思議なことじゃ

『ギガタウン　漫符図譜』106 ページ.

ないですか。

　鳥獣戯画の動物たちをキャラクターに、漫符を実際に使った四コマ漫画が並べられる。まあ、率直に言ってすごく面白いわけではない。でもそれが逆に、なんというか、こうの史代らしくいい感じで、読んでいると顔の筋肉が微妙にゆるんでくる。

静かに染み込んでくる探求の旅

ロバート・ムーア(岩崎晋也訳)
『トレイルズ 「道」と歩くことの哲学』

アパラチア山脈に沿って三五〇〇キロに及ぶ自然歩道、それがアパラチアン・トレイルである。著者ロバート・ムーアは五か月かけてその全行程を歩きとおした。そして彼は、「トレイル」というものそのものについて、考え始める。

トレイル、それは「道」であるが、むしろ何ものかが移動した跡である。ムーアは、昆虫や動物のトレイルを調べ、その目で確かめ、体験し、トレイルについて考えていく。そしてアメリカ先住民たちのトレイルへと探求が進むと、トレイルの意味がしだいに明確になってくる。

場所はたんなる空間点ではない。場所には意味がある。そこに何があり、何があったのか。そこで何が起こり、何が起こったのか。現在だけでなく、記憶も、神話も、場所と結びついている。そうした物語をつなぐものが、人々がそこを行き来した跡――トレイルなのだ。

だが、そうだとすると、アパラチアン・トレイルとは何なのか。人はそこに手つかずの自然を

アパラチアン・トレイル　©Jon Bilous/123RF

求める。しかしそれは、人間たちの物語を抜き去った自然という幻想ではないのか。

ムーアは結論を急がない。自分の中にあるいくつかの考えを、ゆっくりとバランスをとって最も落ち着く位置に置こうとしているように見える。だから、その探求の旅が私たちにも静かに染み込んでくる。

トレイルとは、過去の人々から私たちが引き継いでいる知恵だ。それは地面の上に形象化されたものだけではない。そう考えると、私は、自分がトレイルを見失いどこに行けばよいのか分からなくなっているようにも感じる。しかしすぐに、いや、なんらかのトレイルを引き受け、いまもそこを歩いているんだ、と思いなおす。

かつて一人の禅僧が語ってくれた言葉を思い出す。離るべきは道にあらず。――くっついたり離れたりできるようなものは道ではありゃせんのです。

縄文人がお答えしますコーナー

望月昭秀『縄文人に相談だ』

質問　この本の書評、何を書けばいいんでしょう。

回答　何だっていいじゃないですか。まあ、現代人の悩みに縄文人が答える本ですよね。あとほら、だらしなし子さん（二四歳編集）の質問で「きちんとした生活をするよう彼氏が口うるさい」っていうのがあったじゃないですか。そしたらしばらくして彼氏（H、三〇歳翻訳家）から「彼女がだらしなさすぎます」って質問がきて。あれ、面白くなかったですか。

何が面白いって、いきなり「Hさん……、お前は弥生か！」って、それでだらしなくたっていいじゃないかって憤慨して「この弥生野郎！」って、弥生に対する反感を隠さない。

縄文時代がユートピアだったとは言わないけれど、なんかやっぱり憧れというか郷愁というか、そんなのがあるんですよね。そんなの書いたらどうです？

質問　縄文時代にも書評とかってあったんですか？

回答　ていうか、本がありませんでした。

『縄文人に相談だ』30ページより

「東ロボくん」の挑戦と限界

新井紀子『ＡＩ vs. 教科書が読めない子どもたち』

世の中にはＡＩに関する発言が溢れ、素人にはなんだかよく分からないことになっている。そんな中でこの本は、快刀乱麻を断つがごとく、いやあ、歯に衣着《きぬ》せぬとはこの本のことである。そしておそらく、ものすごい企画力と行動力をもっているんだろうなあ。新井さんは、東大合格をめざすロボット「東ロボくん」の開発者であり、また「全国読解力調査」を立ち上げ、子どもたちの読解力がどれほど危機的なものかを知らしめた人である。

東ロボくんは偏差値で60近いところまで来ている。60ぐらいまではいけるだろう。しかし新井さんはそのあたり止まりと見ている。ＡＩは数学の言葉で動く。だから、数学の言葉で捉えられることなら、ＡＩは人間より強くなれる。だけど、それは与えられた枠組の中での計算で、枠組そのものを問い直すことなんかできないし、文章を入力してあたかも意味が分かっているかのような反応はできても、意味が分かってるわけじゃない。

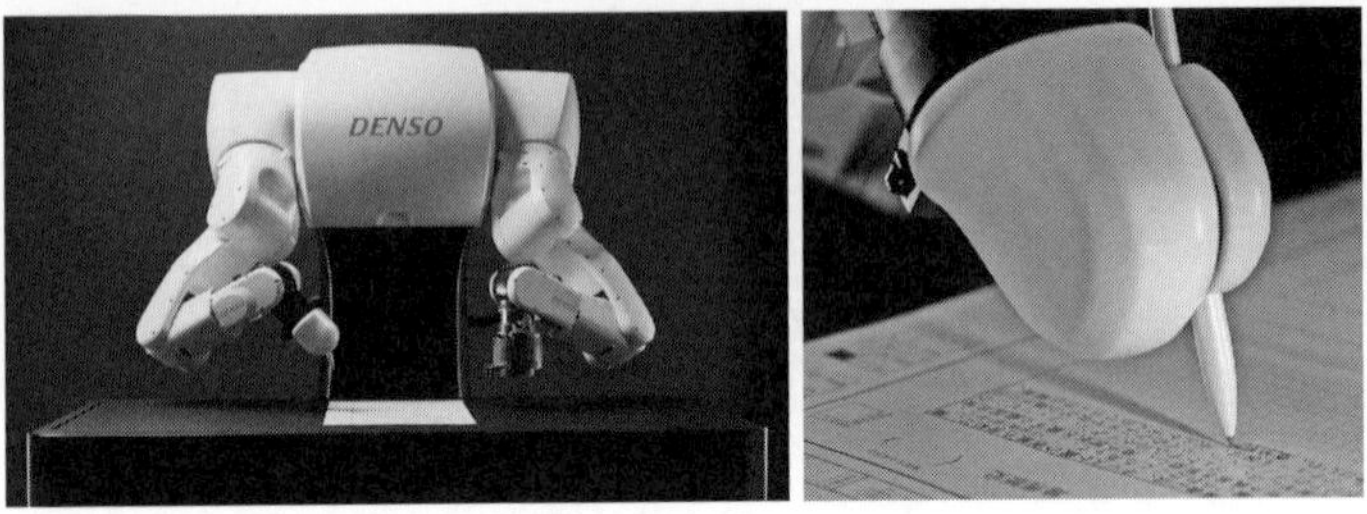

東ロボくんの答案を代筆する東ロボ手くん．写真提供：株式会社デンソー

逆に言えば、枠組を問い直す力、意味を読みとる力こそ、ＡＩにない人間の力なのだ。じゃあ、私たちはそういう力をもっているか。子どもたちはどうか。そう考えて、子どもたちの読解力を調べ始めた。結果は、こんな文さえ読めないのかと、慄然とするものだった。「人間の未来にもっと危機感を持て！」と新井さんは喝破し、「でも道はある！」と励ましてくれる。

私としてはなるほどと納得し、そうだよなあと共感するばかりなのだが、ちょっと待てよ。ＡＩは数学の言葉で動くというのは、現在の技術の延長で考えればそうなのだろう。しかし、もしその前提が崩れれば、ＡＩの可能性はさらに拡大するのではないか。分かってないと怒られそうだが、思考の前提を疑うのは哲学者のお家芸なのである。あ、そうそう。ＡＩにはできない職業のリストに哲学者が入ってなかったのが、私には不満でした。

読む「フルコース」をどうぞ

メアリー・アン・カウズ（富原まさ江訳）
『名画の中の料理』

本を読むのは料理を食べることとおんなじなのだ。たんに栄養をとるために料理を食べる人もいる。しかし、やはり料理は味わうべきものだ。ゆっくりと、ゆったりと、その一皿を味わう。ああ、そんな本の読み方を忘れていた。

前菜から始まり、フルコースを堪能するように各章が差し出される。ほとんどは料理にちなんで著者が選んできた絵、小説やエッセイの一節、詩、そしてレシピであり、それらが並べられている。だから、読んでいてもまったく先を急ぐことがない。

例えばあるページはヘンリー・ジェイムズのエッセイと「フランシス・ピカビア風オムレツ」のレシピ。まず卵八個に塩を加えてよくかきまぜます。

その卵を鍋に注ぎましょう。

アントワーヌ・ヴォロン《バターの塊》.
『名画の中の料理』69 ページより.

そう。フライパンではなく鍋です。鍋をとろ火にかけ、フォークでひっくり返すようにまぜながら、バター二三〇グラムを少しずつ加えます。

ほら、なんだかバターの香りが漂ってくる。その左ページにはアントワーヌ・ヴォロンという画家がバターの塊をどどーんと描いた絵。私はそれを見て「なんだこれ」と思わず笑ってしまった。そしてもう一度、ヘンリー・ジェイムズがフランスのブレスを訪れたときの文章に目をやる。

「ブレスにはまずいバターなんてありゃしませんよ」。女主人がバターを目の前に置きながら、からかうように言った。

「だからなに?」と言いたくなる人、読まなくてよろしい。でもね、このページを開いているだけでしばし時間が経つのですよ。レシピがまるで詩のようで、ときになまめかしく官能的でさえある。それじゃ、最後にサンドラ・M・ギルバートの詩から。

真実を求めて　どれだけ掘り返そうとしても
ニンジンは知らん顔だ

思わず、ニヤリとする。

死ぬためでなく、生きるために

岡原功祐『Ibasyo』

居場所のなさという感覚は微熱のようにかすかではあるけれどもつねに私にまとわりついていた。それが私の中で増幅されることはなかったが、居場所を失い、どこに手を伸ばしていいかも分からずにいる人たちの話に触れて、共鳴しはじめる。

この本は自傷行為を繰り返す女性たちに取材したドキュメンタリーである。木部ちゃん、ゆか、凪《なぎ》ちゃん、さゆり、ミリ。目をそむけたくなる痛ましい状況の中で、死ぬためにではなく、生きるために、血を流す。それは私には容易に理解できることではない。

だけど、彼女たちは理解すべき対象として本の向こうにいるのではなく、本を通して、私の心の襞に入り込んできた。木部ちゃんを支える男性がいる。二人の間に赤ちゃんができて、結婚する。赤ちゃんができたことで彼女は自分を傷つけなくても生きていけるようになった。その口から「幸せ」という言葉が聞けたとき、私は泣きそうになった。

なんでこんなにも素直に私の中に入り込んでくるのだろう。それは著者、岡原さんの取材の姿勢のせいであり、なによりも彼の人柄のおかげに違いない。岡原さんは写真家である。自傷行為を繰り返す人のドキュメンタリーを撮影するにあたって、岡原さんは彼女たちの生活の中に入り込んでいく。つらい体験を聞くだけではなく、雑談をし、ときに一緒にぼーっとテレビを見たり、ゲームをしたり、そしてときに薬を過剰摂取したと連絡を受けて駆けつける。そこには、特別な、しかし自然な関係ができていく。こんな言い方をするとつまらないかもしれないが、岡原さんはなんだかとても、いいやつなのだ。

彼女たちは、取材を引き受けた動機を「自分を見つめ直したいから」、「同じように困っている他の人たちの力になれるなら」と語る。無力感にうちのめされな

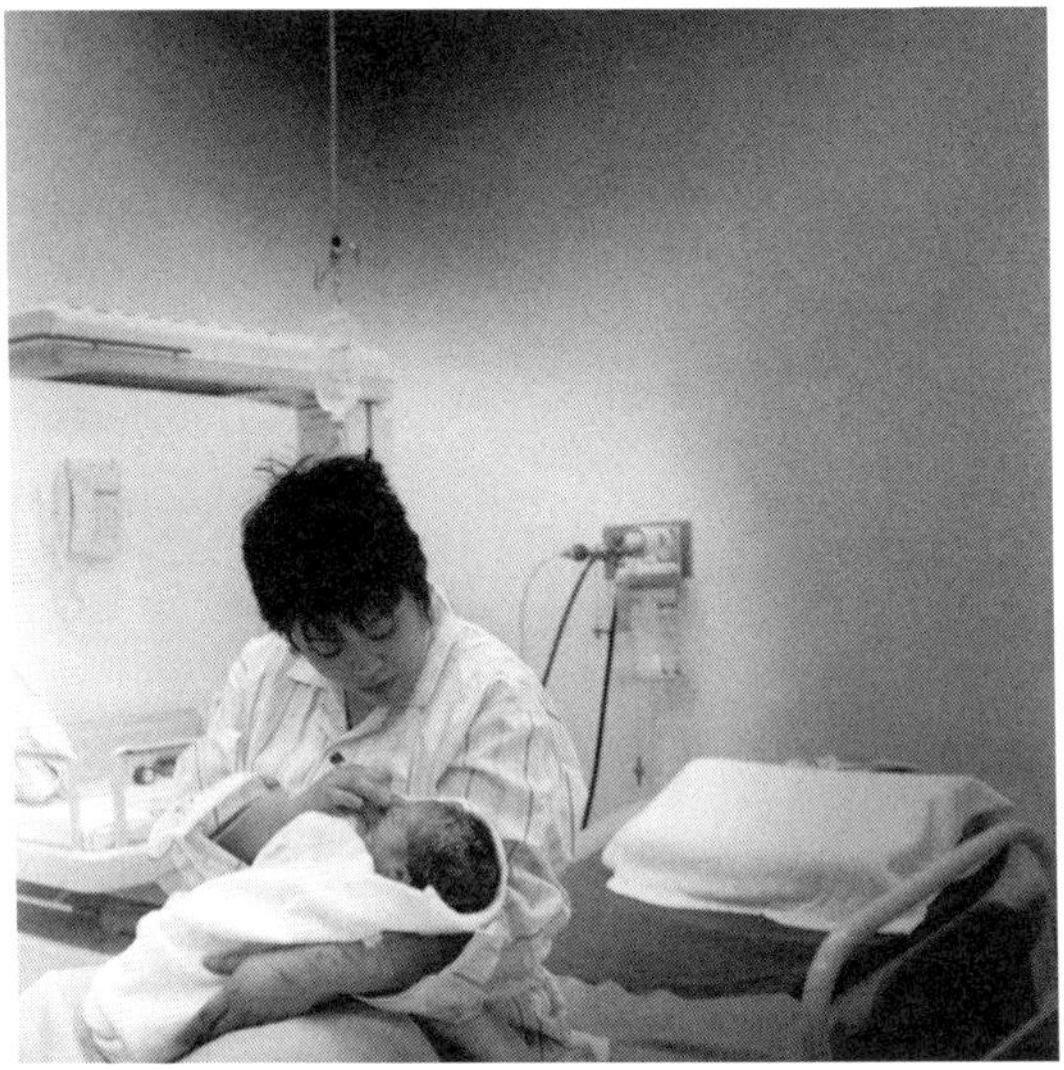

『Ibasyo』より．© 岡原功祐／Kosuke Okahara

『Ibasyo』より．© 岡原功祐／Kosuke Okahara

がらも、出口を求めて体を動かそうとする気持ちが感じられる。凪ちゃんはうつになり、食べたものを戻し、自傷を繰り返し、それでも働こうとする。おそらくそこに、救われる可能性がある。

岡原さんはそんな彼女たちのこれまでと今を、共感に満ちていながらも抑制のきいた、誠実な文章で綴っていく。挿入された写真も、中にはショッキングな写真もあるが、煽るような姿勢はまったく見られない。

なぜ、自傷行為を――死ぬためにではなく、なんとかしてかろうじて生き延びるために――繰り返したのか。本書はその問いに答えてはくれない。しかし、この本が確かに私たちに差し出すものがある。それは、彼女たちの人生の重みだろう。

翻訳の職人、洗練された泥臭さ

東江一紀（越前敏弥編）
『ねみみにみみず』

おやじギャグのお馬鹿本じゃないぞ！　って、誰もそんなこと言ってないのにツバを飛ばしてしまった。東江《あがりえ》さんは翻訳家である。私より三つ年上だったが、いまでは私の方が一つ年上になってしまった（二〇一八年現在）。

冒頭こう始まる。「わたし、今、地獄の二丁目にいる。」もちろん生きているときに書いた言葉である。諸々の事情が重なり、七か月間にミステリー四冊、ノンフィクション二冊を翻訳せねばならない。四〇〇字詰めで七〇〇〇枚弱。無理に決まってる。しかも仕事の質は落としたくない。編者の言葉によると、あるトークイベントの席上で「締め切りに間に合うような雑な仕事はしたくない！」と叫んだそうである。なによりも、翻訳がほんとに好きなんだなあ。それがこの本から

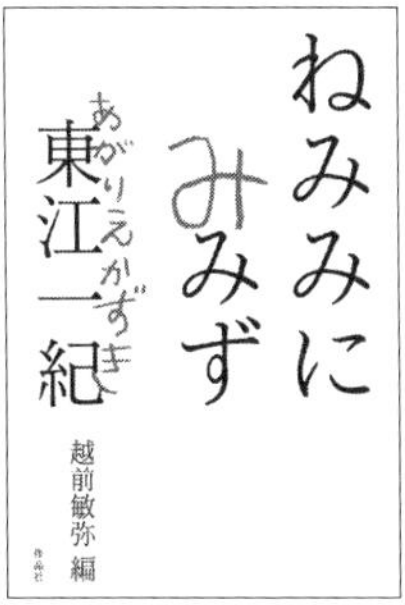

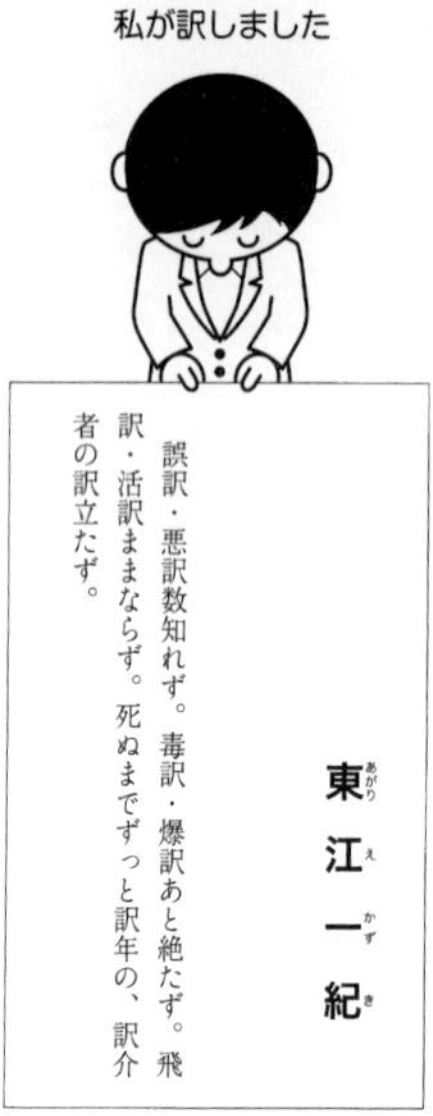
私が訳しました
東《あがり》江《え》一《かず》紀《き》
誤訳・悪訳数知れず。毒訳・爆訳あと絶たず。飛訳・活訳ままならず。死ぬまでずっと訳年の、訳介者の訳立たず。

『ねみみにみみず』より

滲み出ている。いや、溢れ出ている。

そこに描き出される翻訳家の異常な生態もめっぽう面白いのだが、私にとってこれが愛すべき一冊になった理由は、その~~くだらないおやじギャグ~~比類のない言語感覚にある。大量の翻訳を引き受け、その中で嬉々としてあえぎつつ、「執筆は父としてはかどらず、母としてかたづかない」と言い放つ。私は手もなくぎゃははと笑ってしまう。タイトルの「ねみみにみみず」も、東江さんお気に入りの決め台詞である。

そうだ、ここで言うべきだったのだ。これはおやじギャグのお馬鹿本じゃないぞ！　いいですか、襟を正して聞きなさいよ。東江さんは「新しい作品、新しい作家を引き受けるときに、なるべく苦労する人を選ぶ」と言う。なぜか。いままで自分の中になかった言葉が求められるがゆえに訳しにくい。しかし、それは新しい言葉が自分の中から生まれてくることであり、それがなによりうれしいのだ。言葉の職人が、その蓄積をもとに繰り出す言葉遊びは、重みのある軽さというか、洗練された泥臭さというか、ごめん、うまく言えない。合掌。

まず知る　ともに生きるために

山本譲司『刑務所しか居場所がない人たち』

知らなかったなあ。そうなんだ……。

一つのエピソードを紹介しよう。その人には中度の知的障害があった。あるとき、ひとの車の窓が開いていて、三〇円が見えたので取ってしまった。持ち主が戻ってきてどなりつけたけれど、その人は逃げもせずにニコニコしている。通報され、再犯だったので三年の懲役となった。だけど、この人には悪意のかけらもない。行くべきは刑務所ではなくて、しかるべき福祉施設だろう。でも、刑務所にはそういう人が大勢いる。

受刑者は作業をしなければならないけれど、知的障害、精神障害、認知症などで作業できない人は刑務所の中でも別の場所に集められる。刑務官はそんな受刑者たちを処罰するのではなく、むしろ保護し守ろうとしているという。刑務所が福祉施設化している、と山本さんは言う。

まもなく満期出所となる人が、山本さんにこう話した。「俺たち障害者は生まれたときから罰を受けているようなもんだ。だから、罰を受ける場所はどこだっていいや。また刑務所の中ですごしてもいい。」彼らはむしろずっと被害者として生きてきたのだ。だからこんなつらい一言が口をつく。「俺ね、これまで生きてきたなかで、ここがいちばん暮らしやすかった。」

福祉が行き届かないために刑務所に追いやられ、刑期を終えて社会に出ても何の手当てもされないため、空腹に耐えかねて万引きをしたり、食い逃げしたりする。ヤクザに使われることもある。そうしてまた、刑務所に戻ってしまう。

社会の中に、彼らの居場所を確保しなければいけない。隔離するのではなく、ともに生きる態勢を整えなければいけない。どのページからも山本さんの真摯《しんし》な声が聞こえてくる。簡単には解決しない問題だろう。これは福祉の問題であると同時に、私たちの問題なのだ。だからこそ、まず知ることから始めねば。

迷うことから、思考が開ける

古田徹也『言葉の魂の哲学』

言語が思考を開く。しかし言語はまた思考を閉ざしもする。条件反射的にありがちな言葉でそれっぽいことを口にするとき、ひとは何も考えていない。思考を開くためには、言葉は生き生きとしたものでなければならない。ならば、言葉はどのようにしてその生命力＝魂を宿すのか。迷うことによる。この言葉でいいのか。もっとぴったりした言葉はないだろうか。迷うことで、言葉が自らのものとなり、自分自身の思考が開ける。

では言葉に迷うとはどういうことなのか。古田さんはより深く、哲学的な問いに踏み込んでいく。例えば、「やさしい」という語はさまざまな意味で使われる。親切、温厚、上品、繊細、……、どれも「やさしい」の意味そのものではないが、「やさしい」のある側面を示唆している。「やさしい」とは、そうした多くの側面をもつ意味の多面体のようなものなのだ。

多面体として意味を捉えることを、古田さんは「言葉の立体的理解」と呼ぶ。言葉が一面的・

クラウス 1874–1936

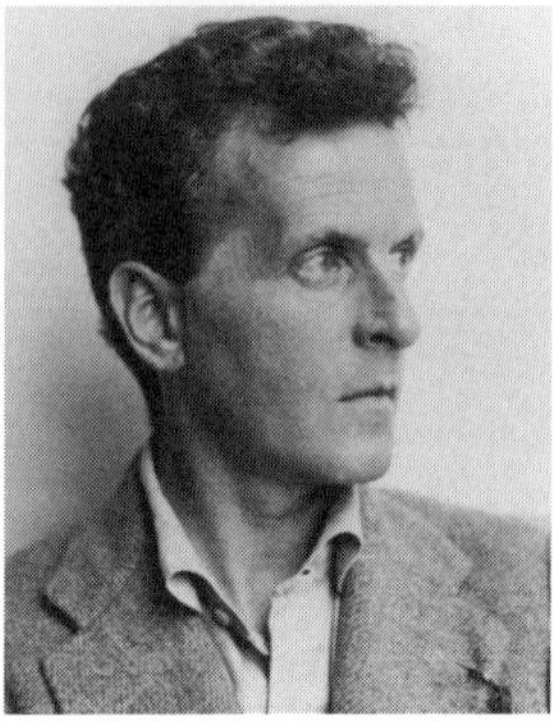

ウィトゲンシュタイン 1889–1951

一義的に捉えられるのではなく、多面的・立体的に捉えられているからこそ、この場面でこの言葉は適切なのだろうかと迷うのである。こうして古田さんは、言葉の立体的理解というアイデアを核にして「言葉の魂」という問題に切り込んでいく。

この古田さんの議論を私は、ウィトゲンシュタインの——それも従来ほとんど論じられてこなかった——議論を踏まえながら言語哲学の新しい問題領域を開いたものとして、高く評価したい。しかも、ウィトゲンシュタインより先に進んでいる。

さらに、世紀末ウィーンの批評家カール・クラウスの言語論と言語批判を取り上げていることも、この本の魅力の一つである。クラウスが現代の社会を見たら何と言うだろう。常套句のコピー・アンド・ペーストによって、私たちの言葉は瀕死の状態に追いやられてはいないだろうか。

異質な世界を捉える学問のいま

箭内匡『イメージの人類学』

サナギの中はどろどろに溶けている状態だという。しだいに形ができてきて、やがて羽化して飛び立つ予感に満たされる。そんな姿を見ているようで、なんだかドキドキする。箭内《やない》さんは、文化人類学が新たな現代人類学として飛び立つことを企てている。

文化人類学というと、西洋の文化・社会とはまったく異なる未開の地に赴き、そこで長期にわたり暮らして民族誌を作成する、そんなイメージがある。その土地は西洋文化の影響から閉ざされた場所である方が望ましい。だが、現代において、そんなフィールドがどれほど残されているだろう。どんな場所も、外部へと開かれ、さまざまな影響を受け、変化し続けている。かつて文化人類学がフィールドとした「文化」や「社会」というまとまりが、曖昧で流動的になってきているのである。それは、箭内さん自身がかつてチリの村でフィールドワークを行なったときの実感でもあった。若き箭内さんは、まずもってそこが文化人類学的な意味での「フィールド」ではないことに困惑したのだ。

じゃあ、文化人類学はその役目を果たし終えたのか？

そこで箭内さんは、古典的な人類学の著作を動員して、人類学の精神と方法論のエッセンスを引き出し、そこから「脱＋再イメージ化」や「社会身体」といった新たな人類学の方法を導く道具立てを考案する。だが、いまはその解説は控えよう。この本は、箭内さん自身のフィールドワークを含むさまざまな研究の紹介において、圧倒的に豊かなディテールをもっている。しかし、読み終えたとき、私には一つのイメージが鮮やかに浮かび上がってきたのである。あ、人類学というのは、つまりそういうことだったのか！

自然科学は、どのような人たちにも受け入れられるべき客観的なデータに基づこうとする。だが、人間の生はそれだけではけっして捉えきれない。私たちとは異なる慣習や自然観や宗教をもっている人たちがいる。そうした人たちに開ける世界と生を理解すること。人類学はそれを一貫してめざしてきた。そして、自然科学的な視線からこぼれ落ちてしまう、その生と世界の相貌を掬い取る方法を開拓し、鍛え上げてきたことこそ、人類学がもっている学問的アドバンテージであった。

だから、人類学の特徴はそのフィールドの特異性にあるのではない。私たちとは異なる生や世界を可能なかぎりその内側から捉えていこうとする人類学の方法は、いまやあらゆる対象に向けられうるものとなる。実際、現代人類学の主題は、映画、スポーツ、インターネット、科学技術、さらには難病に侵されていく人類学者自身にまで及ぶ。箭内さんが抽出した方法論を通してそれらを見るとき、そこに一つの方向性が感じられてくるだろう。そしてその先に、現代人類学が飛び立つ姿が見えるような気がする。

サッカー小説?　いえ人生の話

津村記久子『ディス・イズ・ザ・デイ』

ほら、そこのひねちゃった人。え、誰?　あ、私のことか。そう、君だよ、ひねちゃってるけどさ、素直になるって、実はすごく気持ちがいい、でも、手放しの素直さって、なんか嫌だなとも、思ってる。

君なんかが素直になるには、よくできた仕掛けが必要なんだ、はい、これ。なに、この本?　素直になれる小説、不思議なくらいにね、最大の仕掛けは、

『ディス・イズ・ザ・デイ』カバー．© 内巻敦子

これがサッカーの観戦を巡る一一編の連作だということにある。ふーん、でもサッカー興味ないよ。だいじょうぶ、サッカー小説じゃなくて、日本各地の、そこそこかそれ以下の弱小チームを応援する人たちが織りなす人生のひとコマだから。じゃあ、有名なチームとかは出てこないわけね。うん、なんかとてもリアルにいそうだけど全部フィクションで、どんなチームかっていうと、さんざん点を取られた後に、ああこのまま負けっぺかとへだってる時にいきなり点が入るというあの感覚が忘れられね、というレベル。なにそれ、あんたどこの人よ。いや、あはは、これ盛岡ね、つい感情移入しちゃって。

とにかくさ、いろいろあるじゃない、しっくりこないとか、うまくいかないとか、上司が嫌な奴だとか、好きな人に話しかけられないとか、そんなもつれたものを抱えた人たちが、自分のことはさておき弱小チームに一喜一憂するわけさ。

確かに、スポーツにはそんなうっとうしい夾雑物《きょうざつぶつ》を削ぎ落としてくれる力があるよね。そう、彼らの実生活とサッカーというゲームが噛み合わされて、ゲームの世界から戻ってきたときに、こわばっていたものがほどけて、わだかまっていた息をふーっと吐いて、顔をあげて前を見る、そのまなざしを、読んでいるこっちも共有できるような気持ちになるんだ。つまり、素直になれるってこと？　そう、じわーっと、なんだこれってぐらい素直な気持ちになれる、きっと、ひねちゃった君でもね。

現代哲学を見渡した向こうに震災の光景が見える

野家啓一『はざまの哲学』

野家と野矢をまちがえる人がいる。牛と蠅くらい違うのに。これほど哲学を大所高所から論じられる人は、我が国では野家さんを措いてない。大通りを闊歩する大御所の風格である。私はといえば、路地をうろつくチンピラの風体である。

この本で野家さんは、野家哲学とも言うべき彼の「物語り論」を開陳するのではなく、現代哲学を俯瞰《ふかん》してみせてくれる。現象学だとか分析哲学だとかいった偏頗《へんぱ》な党派意識なんかかけらもなく、話題は多岐にわたる。しかしそこに一貫して見られるのは、私たちが生き、他者とともに語り合い、実践を営む、この現場に立とうとする姿勢である。だから私は、この本を共感をもって読むことができた。（さらに白状すれば、とても勉強になった。）

野家さんは仙台に住んでいる。生の現場に立とうとする哲学者が、東日本大震災の傷跡を前にしばし言葉を失い、そしてまた語り始める。本書は、そこで閉じられている。

ままならなさを受け入れる

石川初『思考としてのランドスケープ　地上学への誘い』

近所を歩いてみる。なんの変哲もない景色。家、店舗、車道、信号、街路樹。その意味はよく分かっている。人が住むためのもの、何かを売っている場所、車が走るところ……。私たちはその意味を一義的に固定されたものとして捉えがちである。しかし私はこの本を読んで、その見え方が変わり始めるような予感をもった。

都市の中で、公園がどうして憩いの場になりうるのか。それは、都市という固定された意味に支配された場所の中に用意された、遊んでも、ご飯食べても、読書しても、デートしても、何もしなくてもいい、さまざまな意味に開かれた場だからだ。

だが、街だって、実はただ一つの意味に縛られているわけではない。専門的な視点をとっても、建築の視点、土木の視点、都市計画の視点はそれぞれ関わりつつ、異なっている。そして私たち素人はといえば、そこに好き勝手な意味を読み込む。電車の中で本を読んだり化粧したり、子ど

『思考としてのランドスケープ　地上学への誘い』より.
看板に,「古墳にゴミを捨てないでください」とある

もはどこでも遊び場にするだろうし、近所のショッピングモールを雨の日の散歩道にする者もいる(私だ)。つまり、街に個人的な意味を上書きするのである。さらに、そこには自然という、人間にはコントロールできない力も加わる。

この本を読むと、私たちの環境=景観(ランドスケープ)の意味が多義的であるだけでなく、揺らいでいて、私にまだ見えていない無数の意味がそこにきざしているように感じられてくる。風景が、モコモコしてくるのである。

どんなに明確な意味をもたせて設計し、作っても、そこからモコモコしたものがはみ出てくる。石川さんは、ランドスケープ的な思考のあり方を「固いものをきっちりと仕掛けたうえで……ままならなさを受け入れること」と言う。本書では、そんなまなざしからいくつもの興味深い話題が語

られる。

雑木林と百円ショップの類似性について(どこが似てるか、分かりますか?)。前方後円墳が平然と農地にされて、だからむしろ古墳が保存されたという話(農耕は地形を少ししか改変しない)。震災時の帰宅支援マップが都市に新たな意味づけを施したこと。ホームレスに冷たいベンチの作り方。高速道路に見られる土木の本質について(ちょっと難しいけど、この話も面白かった)。そして、いろいろやってもやっぱりどうにもままならない庭いじり。

だけど、そんなままならなさを受け入れて楽しむには、どこかかっちりしたものがなければならない。かっちりしたところがあるからこそ、はみ出るものがある。私は本を閉じて、モコモコし始めた街を、散歩する。

私たちが知らなかった声を聴く

永野三智『みな、やっとの思いで坂をのぼる』

「話を聞いてほしかったんです。やっと話を聞いてもらえた。」これは、明らかに水俣病と思われる、五〇代の女性の言葉である。「明らかに水俣病」という言い方をしたのにはわけがある。水俣病に認定されると補償がある。そのために検診を受けなければいけない。だが、民間の医者は水俣病に関わろうとしない。昔の話ではない。二〇一三年の話だ。そこで熊本県の公的検診を受ける。検診は数分で終わり、「非該当」と判定された。しかし、事情を聞いても、症状を聞いても、明らかに水俣病なのである。この人は、打開策を求めるのではなく、ただ話を聞いてもらうために、その坂をのぼった。

　不知火《しらぬい》海をのぞむ丘の上に、水俣病センター相思社がある。永野さんはそこで患者たちの相談を受けている。「やっと話を聞いてもらえた」という悲痛な声、そうした声を残すために、この本が書かれた。

読んでいて、私はつくづく自分が嫌になってしまった。なんだ、何も知らないんじゃないか。チッソの工場廃水によってメチル水銀中毒が引き起こされた。しかし企業が責任を認めようとせず、県や国も企業の側に立っていたため、患者や支援者は闘わねばならなかった。そのくらいは知っている。しかし、過去の話だと思っていた。また、この問題に潜む複雑さはまったく見えていなかった。

愕然としたのは、水俣病が偏見だけでなく差別にもつながっているという事実だった。そこにはもちろん水俣に固有の事情もある。しかし、支援されるべき被害者が差別されるという構図はけっして水俣病だけのものではないし、過去のものでもない。

本書にはもちろんそうしたことの説明も書かれている。私たちは水俣病という不幸な経験から学ばなければいけない。だが、なによりもまず、ここで永野さんが記録した声に耳を傾けるべきだ。彼らの声は、残されねばならない。

『みな，やっとの思いで坂をのぼる』
目次より．©HUNKA くぼやままさこ

事実を学び、考える力を育てる

魚柄仁之助『食育のウソとホント』

この本を読んで昼寝をしたら、夢に魚柄《うおつか》さん(かなあ?)が現われた。以下、「野」は私、「魚」は魚柄さん(かなあ)である。

野「食育だいじですよね」

魚「それ、食育がどういうものか分からずに言ってない? それがだめなのね。そういうのがかえって食育をダメにするんですの」

野「で、でも現代は食生活が乱れてるから、伝統的な和食に戻ろうとか」

魚「それっ! 伝統的な和食という名前の作り話をでっちあげるんじゃなくて、ちゃんと検証して事実を踏まえないと。調べてみますとね、例えば、昔はトロは食べなかったとか言われるでしょ。でも、これ、大正四年の料理雑誌に「あぶらのお寿司」って記事があるの。トロのことね。「非常に珍重致します」って」

野「ほんとだ。面白いな。でも、この話、食育とあまり関係ないですよね」
魚「なーに言ってんです。事実を確かめずにイメージだけで「食育っ」とか旗振ったらいかんでしょ。そんな言葉を信じて何がなんでもその通りにしようとしたら、もう、たいへんなことになりますぞ」
野「でも、食育を大上段に説くんじゃなくて、ちょっと脱線気味の話が、この本は楽しいんですよ。古漬け沢庵《たくあん》のチャプスイみたいな工夫料理の作り方とか」
魚「それだってだいじな食育でしょ。古くなった、捨てましょう、じゃなくて、何か打つ手を考えましょってわけ。アタマ固くしてたら食育はダメなのね」
野「なーるほど、つまり、誤った事実に基づくイメージに縛りつけて、教条主義的に「こうしなくちゃいけない」と思い込ませる、そんな流れに対する抵抗なんですね。この本は」
魚「ま、そうかな。世間の常識を鵜呑みにしないで、正しい事実を学んで、自分のアタマで納得して、状況に応じて柔軟に対処する、そんな力と技術を身につける。分かったなら、ほら、目え覚ましなさいっ」

で、目が覚めた。

自分を解放する身体エクササイズ

梶谷真司『考えるとはどういうことか』

最近試みられている活動に、哲学対話というものがある。ある問題について、とくに哲学をしてきたわけではない人たち(子どもたち、学生、会社員、主婦、等々)が自由に話し合うというものである。しばしば哲学者がその進行役を務める。そして私はそのような活動に対して懐疑的だった。この本は哲学対話を実践してきた著者による哲学対話のすすめである。だから、読み始める前は、率直に言って「ふーん」という程度の気持ちだった。しかし。

読み終えたいま、私は、この本の凄《すご》みが一部の読者には伝わらないのではないかと懸念している。この本を読んで「ふーん」で済まされては、私が嫌だ。いや、どうも著者の情熱が三割ばかり乗り移ってしまったようだ。

私が哲学対話に後ろ向きだった理由は、的外れな発言が飛びかうだけで議論が深まることはないんじゃないかと疑っていたからだ。じゃあ、この本を読んでその疑いが晴れたのかというと、そうではない。「そんなことはたいした問題じゃないんだ！」と、説得されたのである。

私たちの多くは、自由に考えてはいないし、自由に喋ってもいない。そしてもしかしたらそのことを自覚してさえいない。常識、規範、人間関係に縛られ、場の空気を読み、思考の幅も発言の内容も無意識のうちに自己規制している。「考える」ということはその抑圧から解放されることなのだ。梶谷さんはこんなことを言う。「対話が哲学的になった瞬間は、感覚的に分かる。全身がざわつく感じ、ふっと体が軽くなった感じ、床が抜けて宙に浮いたような感覚、目の前が一瞬開けて体がのびやかになる解放感、などなど。」——自分を押さえつけていた蓋《ふた》が外されて、考えることの、語ることの自由を体で感じる瞬間、哲学対話はそれを求めている。

話題はなんだっていい。問いかけが共有され、それについてみんなが考える場に自分を開く。さまざまな意見に出会い、受け止める。問われている事柄そのものに向かっていくことで、自分の意見を言いながらも、「自分の」というこだわりやこわばりがほどけていく。分からなくなっても、違う意見に出会っても、けっして追い込まれたりすることがない、そんな体験。

哲学対話というのは、問題解決をめざした討論ではなく、自分自身を解放するための身体的なエクササイズなのである。逆に、この本を読むことによって私たちは、いかに自分が息苦しい思考と発言の場に押し込められているかということを思い知らされるだろう。私たちは、きっと、もっと楽に呼吸できるはずなのだ。

2019年6月に行なわれた「じつぞんカフェ」での哲学対話の様子.
上，中央が梶谷真司氏．下，私(野矢)も参加してみた！

ブラジル一直線はシュールに通ず

山野辺太郎『いつか深い穴に落ちるまで』

読み終わったとき、いささかあっけにとられた。なんだこりゃ。確かにのっけから荒唐無稽《こうとうむけい》な話で、それがまるで無防備に物語られるから、毒気を抜かれて突っ込む気も起きずに、ありゃりゃとかワハハとか読み進んで、しかもそれがけっこうまじめにリアルな肉付けをされて、面白がっていたら、最後の三〇ページぐらい、ぐうぅっと話が凝縮されてくる。一気に読み終えて、顔を上げたときにはユーモア小説の読後感ではなく、とてもシュールな感覚に襲われた。

つまり、こういう話なのですよ。戦後すぐに日本－ブラジル間を貫く穴を掘ろうと考えた人がいて、実はその計画は続いていて、ついにそれが完成したんですね。え、そんな計画、聞いたことないって？　そりゃそうですよ。成功するかどうかも分からんものに予算を使おうってんだから、隠密裏の国家事業です。え、地球の真ん中って暑いんじゃないのって？　ああ、そりゃ字が違う。暑いじゃなくて熱い。なんてものじゃない。けど、だからそんなことはどうでもいいので

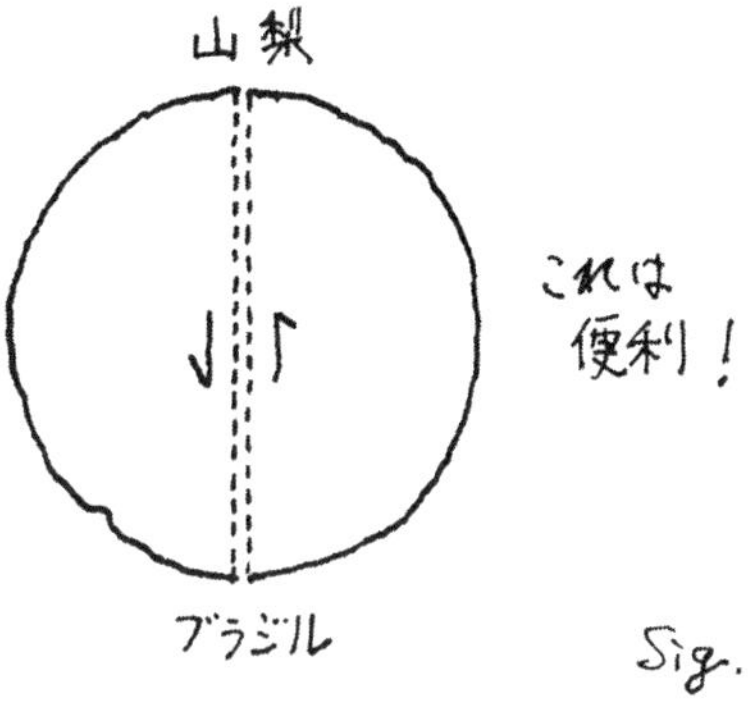

すよ。とにかく、地球の両側を最短距離でつないで行き来しやすくしようという計画。ついでに言うと、日本側の入り口は山梨県です。

小説としてはあれこれ計算されていて、よくできているのだけれど、どっかタガが外れてるんだよね。それで、最後のところ。正直に言って、ここを読むまでは書評しようとは思わなかった。でも、ここを読んで感じいってしまった。だけど、読んでのお楽しみだから書けない。こういう小説の書評って、斎藤美奈子さん、*どう書けばいいんですか? 書けないけど、書きたい。えい、書いてしまおう。最後は、主人公の鈴木一夫が水泳パンツをはいて○○に飛び込んで、○○を突き破って、○○へと飛び出していくのである。

読者は「おおっ」と呻《うめ》くしかない。

*斎藤美奈子さんは『いつか深い穴に落ちるまで』が受賞した第五五回文藝賞の審査員であり、私はこのとき書評委員をご一緒させていただいていた。

全身が脳　対極の人間を照射する

ピーター・ゴドフリー＝スミス（夏目大訳）
『タコの心身問題』

小論文の問題には、ただ一言“other mind”とあった。私は理系を卒業して、しかし何もする気にならず、これといったあてもなく、三年生に編入する学士入学の試験を受けた。そのときの私には、それが哲学の問題であることさえ分からなかった。

本書のメインタイトルもまさにOTHER MINDSである。自分以外の存在の心のあり方をどうやって知りうるのか。かつて現代哲学ではこの問題の脈絡でコウモリが取り上げられた。だが、ゴドフリー＝スミスはタコこそがこの哲学問題の最適の題材だと言う。いかにコウモリの認知の仕方が独特とはいえ、哺乳類ではまだ甘い。頭足類である！

もしタコになれたならば、私はどんな経験をすることになるのだろう。タコにとって世界はどのように開けているのだろう。ある生物にとっての経験の主観的なあり方は、脳や神経系の働きを客観的にいくら調べても分からない。それは科学では踏み込めない領域なのである。かくして、

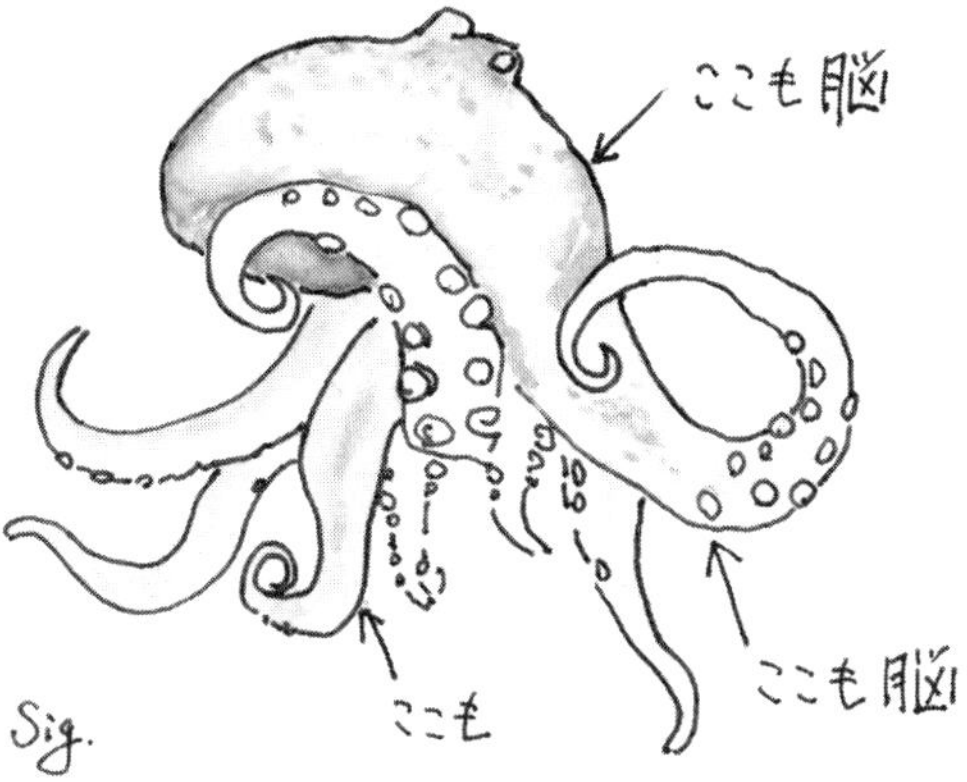

これは哲学の問いとなる――タコであるとはどのようなことなのか。

貝のような軟体動物の中に、進化の過程で殻を脱ぎ捨てたものがいた。その極端がタコであり、殻はまったく失われ、自由自在に形を変えることができる。そしておそらくは形の定まらない体と無際限な可動域のおかげで、全身でニューロンが発達した。全身に脳が広がっていると言ってもいい。腕だけが単独で勝手に対象を認知して動くこともできるという。しかもタコのニューロン数は犬に近いらしい。かなり頭がいい。いや、「頭がいい」とは哺乳類系の比喩であった。頭じゃなくて、タコは全身これ賢いのである。

そんなタコの経験は、いったいどのようなものなのか。ゴドフリー＝スミスは哲学者であると同時にタコ学者であり、なによりも海に潜ってタコのそばにいることが大好きなタコ愛の人である。しかし、タコのことなら何でも分かるとばかりに面白おかしく語ることはしない。哲学者として、謎をだいじにし、答えに向かってゆっくりと進んで行く。タコのことを知り、タコについて広く、深く、科学的にそして哲学的に考えることによって、逆に人間に対するいままでの考え方が揺さぶられることになるだろう。しっかりした形状の体をもっていること、頭にある脳が全体を統括していること、確固たる自我意識をもっていること。こうした人間のあり方が、その対極にあるタコによって新たな光を当てられる。

……いっそ人間やめてタコになろうかな。海の底でさ。そんな妄想に耽り、部屋の中でちょっぴり身をくねらせてみたくなったりする。

日本語って、こんなに精妙にできているのか

井崎正敏『考えるための日本語入門』

世界はさまざまな意味をもって現われる。そうした意味は私たちが使う言葉と本質的に結びついている。だから、世界と言葉と人間は相互に結び合い、切り離すことはできない。

そんなことに興味をもっていて、しかも日本語という言語にも興味をもっている人に、この本を薦めたい。とくに、山田、時枝、三上らの日本語学に興味をもちつつも、勉強してこなかったので山田孝雄《よしお》を「ヤマダタカオ」などと読んでしまう人(ああ、私だ)、この本はとても勉強になるに違いない。そして、私たちが何気なく使っている日本語が、人と世界の関係を語るためにいかに精妙に作られているかを、深く感じさせられるだろう。

ただし、相手は日本語であるから、そう一筋縄ではいかない。少なくとも一読すっきりとはいかないだろう。むしろ私は日本語文法の海の中に突き落とされたような心持ちがしている。そして溺れそうになって、喜んでいる。

過剰で珍奇　すがる思いが集積

小嶋独観『奉納百景』

いろいろなものが奉納される。その写真がほぼ全ページにあり、つい説明の言葉を読む前にまず写真だけを見てしまう。そしてしばしばただ絶句する。しかし、それはいくつもの言葉が自分の中に湧き起こりせめぎあった上での絶句である。

どれを紹介しよう。うーむ、一番インパクトがあるのはこれかなあ。びっしり釘が打ちこまれた木彫りの男根。痛そうである。それが積み上げられている。何のために？　浮気封じだそうだ。見た目の壮絶さに加えて、何かがそこから聞こえてくるような気がしてくる。切実な、声にならない声。しかし同時に、ごめんなさい、不謹慎にも笑いたくなってくるのだ。

写真に添えられた解説も興味深い。しかし小嶋さんは、知的な興味だけではなく、人々の痛切な思いに共感し、同時にこみあげてくるおかしみも掬い取ってくれている。

なるほど、これらの奉納は珍奇な光景でもあるだろう。だが小嶋さんはけっして珍百景を並べ立てたわけではない。むしろここに、いまでもこの国に息づいている信仰の命脈を見てとっている。奉納は、病気・けが、誕生・死別、愛憎、さまざまな受苦に関わる。なんとかしてもらおうと訴える。その相手は神でも仏でも、呼び方は何でもよい。ともかく自分を超えた何ものかにすがる。その気持ちは、おそらく私の心にも潜んでいる。だからこそ、例えば大量の帽子が(生首を差し出す代わりに?)奉納されてあるのを見ても、揺さぶられるのだ。

しかし、共鳴しつつも、違和感を禁じ得ない。ふだんの生活で抑圧されているものが、ここに剝き出しになっているからだろうか。多くの人たちが奉納し続けた結果、ハサミが、鎌が、絵馬が、性器が、おもちゃの刀が、人形が、過剰に、あまりにも過剰に反復されるからだろうか。

やっぱり、本を開いて見せたくなる。ほら。きっとあなたも絶句する。

『奉納百景』111 ページより.

自分中心的なのが人間だけど……

トーマス・ギロビッチ、リー・ロス（小野木明恵訳）
『その部屋のなかで最も賢い人』

本書には生活や仕事、あるいは集団の活動や政治などに役立つ社会心理学の知見が満載であり、実用書として読むこともできる。とはいえ、たんにアドバイスを並べてあるだけではなく、それを支える議論や実験もきちんと紹介されているので、学問的な楽しみも十分にある。豊富な話題の中から、一例を紹介しよう。

ピーク・エンド法則というものがある。過去の体験を思い出すとき、記憶はその体験の最高の瞬間と最後のあり方に支配されるというのである。ことわざにも「終わりよければすべてよし」と言うしね。

で、麻酔をかけずに行なう結腸内視鏡検査は、とくに最後の結腸内の奥に挿入されたときがすごく痛いらしい。だから、五年後の再検査は半分程度の人たちしか受けないという。そこで社会心理学者が病院で一つの実験を試みた。一番痛いところで引き抜くんじゃなくて、ほぼ最後まで抜いたところで、少しの間そこに留まらせてから引き抜く。そうすると強い痛みが最後になることはない。その結果、なんと五年後の再検査率が七〇パーセントに上がったのだそうだ。だけどさ、引き抜くのを遅くした分、不快感は長引くんですよ。それでも、弱い痛みを最後にもってくることで全体の苦痛の印象がより軽いものになった。

と、書いてあるのですがね、でも、ピーク・エンド法則でしょう？　ピークの方はどうなの？　ピークの痛みはそう簡単には消えないいんじゃないの？　ピークよりエンドの方が記憶に残りやすいってこと？　じゃあ、コース料理でメインがすごくおいしくてもデザートがいまいちだと全体がいまいちとして記憶されるってことかね。そのあたりのことは書いてないけれど、どうも釈然としない。

へそ曲がりな私は、ところどころでこんなふうに突っ込みたくもなるのだが、しかし、この本

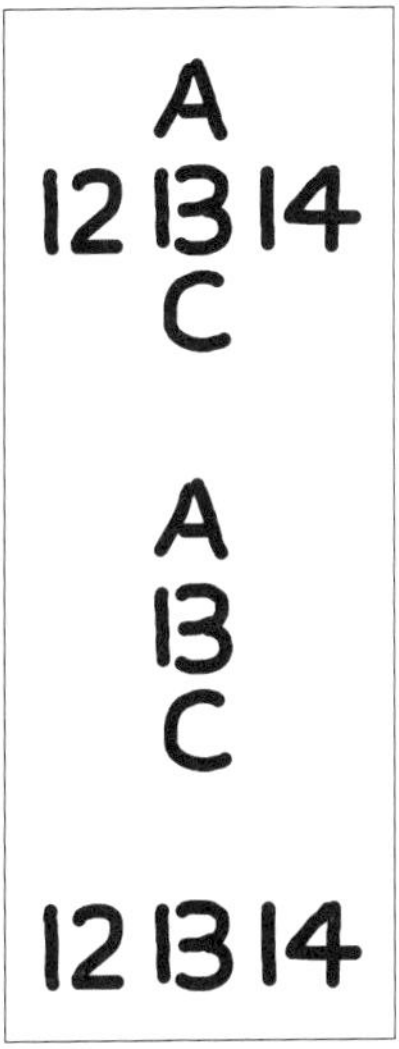

B？　13？
思い込みで見え方が変わる

を読めば誰もが納得せざるをえないことがある。人間てやつは実に出来が悪いのだ。ものごとを客観的に捉えて冷静に判断することができない。朝三暮四に騙《だま》される猿と大差なく、自分中心的で、思い込みに囚われる。しかもそんなバイアスのかかった判断を客観的だと思ってしまう。ここにはそんな話題がてんこ盛りである。

では逆に、「賢い人」とはどういう人のことか。こうした人間の不出来さのすべてを免れた非人間的な存在のことではないだろう。われわれ人間が、そして自分自身がいかにポンコツであるかを自覚し、そのことを熟知した上で行動できる人、それが最も賢い人なのだ。この本はきっとそのための強力な道案内になる。だけど、私に関して言えば、一度読んだくらいじゃどうにもならんだろうなあ。

人体はお話の宝庫

ギャヴィン・フランシス（鎌田彷月訳、原井宏明監修）
『人体の冒険者たち』

フランシスさんは総合診療医である。だから脳から始まり、目、内臓、生殖器を経て足に至るまで、人体のどこをとっても、次から次にいろんな思いや話が溢れてくる。医師としての経験、医学生のときの思い出、それも面白いのだが、すごいのはそこに医学史、博物誌、文学のとほうもなく該博な知識が縦横に織り込まれていることで、「へえ」とか「ふーむ」の連発である。患者の死にも向かい合い、そうしたエピソードは読む者の胸を打つ。その一方で、笑っちゃいけないのだけど笑ってしまう話（ケチャップの瓶が直腸に入ってとれなくなった！）もあったりする。

最大の魅力は文章の手触りのよさにある。抑制のきいたユーモアをまじえて、ときに詩情をもたたえながら、フランシスさんその人の温かさと人間味のある穏やかな声が聞こえてくる文章。原文は見ていないけれど、翻訳の力も大きいのだろう。読んでいて、とても気持ちがいい。

共感し、感心し、あきれかえる

千早茜『わるい食べもの』

ああ。屈託なく甘いものが食べたい！

千早さんは客に羊羹を出すときに冷や奴ほどに切って出す人だ。自分用なら一本食いも辞さない。私なんぞは千早さんの足元にも及ばない。千早さんは食べたいものを食べる。食べたくないものは食べない。コレステロールもヘモグロビンA1c も知ったことではない。実に、潔いのである。そんな千早さんの食を巡る文章を読んでいると、共感もするし、感心もするし、あきれかえりもする。

子どもの頃においしかったものを、大人になってさほどではないと思うことがある。もっとおいしいものを知りたい。しかし、それは同時にいままでおいしいと思っていたものをそれほどではないと思うことにもつながる。ちょっと悲しい。そんな気分が語られ、私は共感する。

「果物は剝くときが一番香る」と千早さんは言う。「包まれていたものが一気に散らばる」、と。

「バナナはちょっとつまらない」ともあって、苦笑いする。私にはこの感覚はなかった。でも、言われてみるとなるほどなあと、感心する。

あきれかえったのは暴食の回である。執筆が進まなくて精神状態が悪化する。そのとき千早さんは心身のバランスをとろうとする。どういうことかというと、身体状態も悪化させようとするのである。馬鹿か！（いや、失礼。）そしてジャンクなスナック菓子を貪《むさぼ》り食う。さらに「板チョコやインスタント焼きそばや砂糖バターや味海苔を生パンに挟んでむしゃむしゃ食べる」。気持ち悪くなるまで食べる。ちょっとおいしそうに思えてしまうところが怖いのだが、しかし、千早さん、これはやめた方がいいと思うよ。と言われてやめるような人ではなさそうである。

エッセイというのは、著者としばしのあいだおつきあいさせてもらうことなんだな。変わった友だちが一人増えたような、そんな気持ちにさせられた。

自分を外に開いて受け入れる

郡司ペギオ幸夫『天然知能』

一緒に散歩しながら、ちょっとくつろいだ感じで研究の話を聞く。さらにその相手が郡司さんだと、ひと味ちがったものになる。なにしろ話しかけられているのかと思ったら独り言だったり、独り言を呟き始めたのかなと思ったらなんだ話しかけられてたのかといった具合で、しかも、どうでもいいような具体的な話と極度に抽象的な話が混然一体となっている。「私は、インスタントの、袋麺の焼きそばが大変好きです」(原文ママ)って、これ、いったいどういう脈絡で言われたのか分かりますか？　どうも郡司さん自身が「天然」で、だから、本書は巧まずしてユーモラスにもなり、ときにポエ

ティックでさえある(個人の感想です)。

人間だってけっきょくのところ物にすぎない。その人間がどうして意識や心をもちうるのか、それを説明するのが天然知能である。人工でも、自然でもなく、天然。人工知能は、訳の分からないものを無視する。他方、自然科学に代表される自然知能は、訳の分からないものを訳の分かったものにしなければ気が済まない。天然知能はそのいずれとも異なっている。

手際よく処理したり、着実に探求を進めたりする活動の外部から訳の分からないものが闖入《ちんにゅう》し、掻き乱してくることがある。その訳の分からなさに積極的に自分を開いていくこと、それが天然知能である。天然のまなざしで見るならば、世界は自分の了解を超えた訳の分からない外部の予感に満ちている。

システムは、それをずらし攪乱する力を取り込む仕掛けをもっていなければいけない。この単純で力強い洞察が、さまざまな場面で適用される。郡司さんの専門はそれを数理モデルとして実現することで、話がそっちに行くと難解になり、なかなか理解が追いつかなくなる。だが、そのときこそ読者は天然知能となるべきなのだ。よく分からんが、ここにはきっと何かがある!

おなかの中の不思議な仕組み

最相葉月、増﨑英明『胎児のはなし』

胎児は一日に七〇〇ccほどおしっこする。でも子宮にその出口はない。どうするか。自分でそれを飲んじゃうのだという。「どういえばいいんだろ、胎児っておもしろいでしょ。なんですかね、あの人は」と、増﨑さんは言う。うんちは？　しない。

増﨑さんは長年産婦人科の治療と研究に携わってきた。そして最相さんが生徒役になって、対談が進む。ずいぶん勉強している生徒だと思うが、素朴な質問もずけずけと突きつける。すると先生がやたら楽しそうにそれに答えるのである。胎児というよく分からなかった存在が、機器や技術の進展に伴い研究が進んで、徐々に分かってくる、そのときの無邪気とも言える増﨑さんの驚きと喜びが読者にも伝わってくる。と同時に、生殖に関わる技術が進んでいくことに対する怖さも率直に吐露する。そんな増﨑さんに対して、最相さんはおそらく、胎児の話を聞くという表の動機をもちつつ、このちょっと変わった、愉快で心優しい先生の人物像を描き出すという裏の動機にも、導かれたに違いない。

とにかくぼくが一番不思議だと思うのは、と増﨑先生は言う。胎児が空気にまったくふれていないことです、と。羊水の中で鼻も口も、肺の中も水浸し。しかし子宮の外に出たら呼吸しなければいけない。そこで狭い産道をむりやり通って出ていくときに、ぎゅーっと肺の中の液が絞り出されるのだという。そして産道通過後に肺がぱーんっと開く。「めちゃくちゃよくできてますよね。」いや、へえ、そうなんだ。感心するしかない。

こんな話が次々と紹介され、それを楽しそうに話す先生と楽しそうに聞く生徒がいて、こっちも楽しくなってくる。だけど、読み終えて本を閉じると、言われるまでもないあたりまえのことが、不思議で、とても新鮮に思えてくる。——そうだ、私たちはみな、胎児だったのだ。

タフじゃなくてもいい社会に

木ノ戸昌幸『まともがゆれる』

あなたは勤勉でタフですか？　私は違う。でもけっこうまじめなので勤勉に仕事しようとして、疲れてしまう。そしてしょっちゅう軽く鬱っぽい気分と苛立ちに襲われる。

どうすればいいだろう。とりあえずめざすゴールは見えている。第一に、勤勉じゃなくてもタフじゃなくてもいいんだということを徹底的に腹に落とすこと。第二に、勤勉じゃなくてもタフじゃなくてもやっていける社会にすること。だけど、そこにどうやって辿りつけばよいのかは、さしあたり見当もつかない。

木ノ戸さんはそこで「障害者」と呼ばれる人たちに出会った。閉塞感に押しつぶされそうになっていた彼は、なんとか息ができるところに顔を出そうともがいていた。私はこの本を、そんな木ノ戸さんが救われていく物語として読んだ。

二〇〇六年、木ノ戸さんは「障害者」たちとともにＮＰＯ法人スウィングを立ち上げ、京都を

しんねん
おめでとうござ
います。
いぬどしか。
おまえ、みたい
になりた
いたいよ

『まともがゆれる』10ページより．「しんねん」向井久夫

拠点にユニークな活動を続けている。勤勉じゃなければいけない、タフじゃなければいけない、だから、がんばらなくちゃいけない――そんなこだわりから解放された場を作ることで、彼らは笑顔と活気を取り戻していく。

いまの私たちの社会では障害者はまさに障害を背負った弱者である。だけど、私たちを、いや、私を疲れさせ、重たくしているのは、彼らを「障害者」としてネガティブに位置づける社会の規範と価値観なのだ。だとすれば、まず私が変わるために、彼らをネガティブに見ることをやめなければいけない。彼らのためにではなく、私自身のために。

なんか、生まじめな書評になってしまったが、それは本書が生まじめな本だからだ。でも、生まじめにいいかげんで、ゆるゆるの本だ。紹介されるとんでもないエピソードや随所に挿入される彼らの手書きの詩や

絵やイラストに、私はわははと喜び、すげえと感嘆した。頬がゆるみ、脱力し、同時に、どこか本来の場所から力が湧いてきそうな気がしてきた。

『まともがゆれる』81 ページより

本を旅する旅人のまなざし

野矢茂樹『そっとページをめくる』

著者は哲学が専門のくせに、哲学以外の本の書評の方が圧倒的に多い。なんだろう、手当り次第に書評しているかのようでもある。しかし、続けて読んでいくとけっして手当り次第ではないことが伝わってくる。ああ、そうか。一人の旅人の旅行記のようなものなのかもしれない。その土地その土地の興味深いところ面白いところを紹介しながら、そこに自ずと旅する人のまなざしが一貫してにじみ出てくるのだ。

さらに、こうしてそれを一冊の本にまとめるにあたって、広瀬友紀さんにはK太郎君の写真を送ってほしいと頼み、九螺ささらさんには「ふるとりくん」のマンガがほしいとねだって、さすがに小学生のときのマンガは紛失していたとのことだったがなんと再現マンガを描いてもらい、山内志朗さんには故郷での山内少年の写真はないかと、まことに無茶なことをお願いして、そうした無茶ぶりが本書に実現している。『ちいさい言語学者の冒険』を読んでK太郎君の姿を見たいと思ったあなた、『神様の住所』を読んで「ふるとりくん」が見たいと思ったあなた、『湯殿山の哲学』を読んで山内少年の姿を拝みたいと思ったあなた(これはあまりいないかもしれない)、本書でしかそれは見られないのである。

さらにさらに、後半には『子どもの難問』という本に収録された熊野純彦さんの文章と田島正樹さんの文章を読み解くという書き下ろしの論考があるが、自分でもうまく書けたと勘違いしたのか、熊野さんと田島さんに原稿を送りつけて返事をもらうなどということもしている。わがまま勝手にもほどがあると言うべきであろう。しかし敵もさるものであり、熊野さんからも田島さんからも実に勝手放題な返事が寄せられているのがまた楽しい。

ある噂によると、著者が書評した本はその後売れ行きが上がったという。その噂を耳にしてあまりにもうらやましく思った著者は、ついにこうして自分で自分の本を書評するという愚挙に出たのであった。

2　大人のファンタジー

小学生の頃、動物の言葉を話せるお医者さんの話が好きだった。訳者なんか気にせずに読んでいたが、後に訳者が「山椒魚」だと知ってびっくりした。私のファンタジーとの出会いは、井伏ワールドだったのだ。*（ヒュー・ロフティング『ドリトル先生物語』）

その後、三〇をとうに越していた私は『ドラゴンクエスト』に出会い、新しいゲームが出るたびに、冒険の旅を続けた。

『ドラクエ』はもうずいぶん前に卒業したけれど、いまでもときどき旅に出る。なに、冒険の旅というのは簡単で、怠け者(do little＝ドリトル！)の得意とするところなのだ。寝転がって、本を開けばよい。

最近一番はまっている冒険の旅は、九井諒子のマンガ『ダンジョン飯』である。地下迷宮へと入っていけば、ふつうに腹が減る。食料は現地調達。つまり、倒したモンスターたちを食べる。第一話の料理は「大サソリと歩き茸の水炊き」。サソリと茸だけでは寂しいので、干しスライムも入れよう。これが、うまい。大真面目で調理法を紹介して、うまそうに食べていると、ファンタジーの世界がぐっとこっちの体(腹)に寄り添ってくる気がする。

　ファンタジーは空想をはばたかせるものだ。しかし、どこかで現実と結び合っていないと、ただの絵《え》空事《そらごと》になってしまう。え? ファンタジーって絵空事じゃないのかって? いや、絵空事だけどさ、ただの絵空事じゃないんだな。これがもっと現実に入り込んで、現実の中から陽炎のように異世界がにじみ出てくると、空想というよりも幻想と呼ぶべきものになる。

　幻想的な小説もたくさんあるが、この一編という

こんな料理も.『ダンジョン飯』第1巻, 134ページより

と、「風の又三郎」を挙げたい。そのほとんどは転校生の三郎が学校にいた短い間の現実のエピソードなのだが、風なんか吹かなくっていいと言う耕助に、風のどういうところが悪いのか答えるよう求める場面で、三郎は「それからそれから」と畳みかけるように尋ねる。ここなどは、現実の転校生である三郎に非現実の存在である風の又三郎が重なってくるようで、眩暈《めまい》のような感覚に襲われる。

現実の中に、ふいに裂け目が現われる。ゆらりと歪む。別の何かが透けて見える。そんな幻想の力という点で、「銀河鉄道の夜」よりも「風の又三郎」の方が私は好きだ。

もちろん、現実がなければ幻想も空想も成り立たない。しかし、私たちはさまざまな思いを込めてこの現実世界を生きている。幻想や空想がなければ現実も成り立ちはしないのである。ファンタジーの面白さは、荒唐無稽さにあるというよりも、むしろ現実との重層性にあると言えるだろう。

川上弘美の『七夜物語』では、主人公の女の子と男の子が現実と幻想と空想を縦横に行き来し、そうして現実とファンタジーがともに並んで立ち上がってくる。ふつう子どもは「よい／悪い」「美しい／醜い」「役に立つ／役に立たない」といったさまざまなことを分別する力をつけて大人

になっていく。しかし、『七夜物語』では、まさにものごとを分別しようとするその力と戦う。妙に分別臭くなりがちな子どもが（そしてどっぷり分別臭くなってしまった私たち大人が）、「無分別」を受け入れるようになる戦いなのだ。いろんなものを、曖昧に、虚も実も、どちらも含みもっているのが人間じゃないか。『七夜物語』は、そう歌い上げる。

そうそう、この物語でもいろんな食べ物が出てくる。焼きたての、さくらんぼのクラフティー。いつか食べてみたい。

＊中学生のときに、私は井伏鱒二の「山椒魚」の感想文で佳作をもらったのでした。

3　辞書には何が書いてあるか

辞書には何が書いてあるかって、そりゃあ、言葉の意味が書いてあるのだろう。辞書なんだから。いや、ちょっと違う。あるいは、言葉の定義が書いてあると考える人もいるかもしれない。そこまでいくと、かなり違っている。

定義を書くなんてことは不可能である。第一に、ある言葉の意味を別の言葉で説明しても、どこかで循環せざるをえない。「必要」の項に「必ず要すること」とあったが、同語反復と言わざるをえない(引用はすべて広辞苑第六版から)。

第二に、厳密な専門用語でもないかぎり、定義を与えようとしても、どうしても規定不足になったり過剰になったりする。「犬」の項に「よく人になれ」と書いてあるが、飼い主にさえなつかなかった犬を私は知っている。もしかしてあれは犬ではなかったのだろうか。「櫃《ひっ》まぶし」の項などを見てみると、「飯に細かく切った鰻《うなぎ》をまぶした料理。一杯目はそのまま、二杯目は薬味をのせ、三杯目は薬味とともに茶漬けにして食べる」とある。親切というか、おせっかいである。私は、茶漬けにしないで櫃まぶしを食べきったご婦人を目撃したことがある。それならうな重にすればいいのにとも思ったが、そういうものでもないのだろう。いずれにせよ、茶漬けにして食べることは「櫃まぶし」の定義に属することではなく、「櫃まぶしを茶漬けにしないで食べる」というのは矛盾ではない。

しかし、このおせっかいは広辞苑の特徴とも言える。広辞苑が世に出たのは一九五五年。インターネットでなんでも調べてしまうなんてことは夢想だにしなかった時代である。ご家庭にこの一冊、というわけで、百科事典的な性格も兼ね備えた辞書として誕生した。例えば「つぐみ」の項を見ると「シベリア中部・東部で繁殖し、秋、大群をなして日本に渡来。かつて、かすみ網で大量に捕獲、食用にされた」なんてことまで書いてある。これは「つぐみ」の定義ではないし、意味の説明ですらない。

広辞苑は、意味に関する記述だけでなく、このように事実に関する記述も積極的に混在させている。ところが、我が敬愛するウィトゲンシュタインは意味の問題と事実の問題を峻別せよと言う。両者を混同することによって哲学問題が発生するというのである。若かった私はその教えを鵜呑みにして、広辞苑はいかんじゃないかと思っていた。

その考えを改めたのはそう昔のことではない。認知言語学に百科事典的意味論というものがある。例えば、「鳥」であることにとって「飛ぶ」ことは必要でも十分でもない。飛ばない鳥もいるし、鳥でなくとも飛ぶ動物はいる。だが、「例外もあるが、ふつう鳥は空を飛ぶものだ」という了解がない人は、やはり「鳥」という言葉の意味を適切に捉えていないと言うべきだろう。意味と事実を切り離さないこのような考え方が、百科事典的意味論である。そのような目で見てみると、広辞苑というのはまさに先駆的な辞書であったと言えるだろう。

辞書には言葉の意味が書いてあると、ふつうはそう考える。だが、実はそうではない。言い換えたり、用例を示したり、関連する事実を記述したりしながら、辞書はなんとかしてその言葉の使い方のヒントを与えてくれるのだ。

私は大学で哲学を教えている。そこで最初の授業では、「哲学とは何か」から始めたくもなる。だが、これ自体が哲学的難問である。「哲学」を定義することなどできはしない。その辞書的意味を説明することも、不可能である。よろしい。広辞苑第六版を引いてみよう。

まず、「物事を根本原理から統一的に把握・理解しようとする学問」とある。しかし、これは「哲学」の理解としては狭すぎる。「諸科学の基礎づけを目ざす学問」という規定もある。いやいや、これは「基礎づけ主義」と呼ばれてさんざん批判の対象になったものである。だからね、「哲学とはこれこれである」という規定など、できようはずもないのだ。

「哲学とは何か」と問われたならば、「これまで「哲学」と呼ばれてきた活動と、ある程度類似した活動のこと」と答えるしかない。そして一学期かけて「哲学」と呼びうる活動の一例を学生たちに示していく。そんなふうに、具体例を示して「このようなものが哲学なのだ」と言うしかない。そこで広辞苑をもう一度見てみると、「新カント派・論理実証主義・現象学」「生の哲学・実存主義」と並んでいる。どうも事例が古い。現代哲学の主潮流の一つである分析哲学を入れてくれないと、私としてはたいへん困る。第七版ではどうなっているだろう。

ついでにもうひとつ。第六版の「恋愛」もよろしくない。「男女が互いに相手をこいしたうこと」とある。え、第七版でもそのまま？　まずいでしょう。

II

もっと深く！

新しい世界が広がる

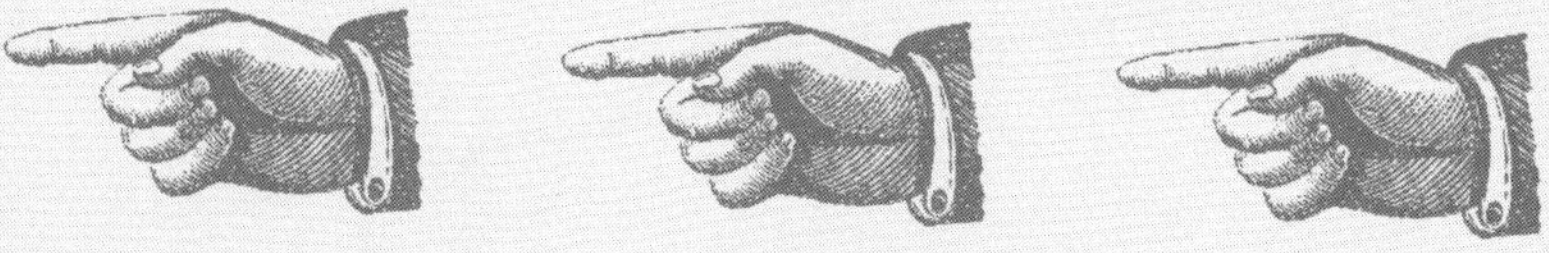

4　『英単語の世界』（寺澤盾）を読む

1

よほどうっかり読むと「英単語豆知識集」に見えてしまうかもしれない。少しでもちゃんと読めばそんな印象をもちはしないだろうが、面白いひと口豆知識が満載なのも、事実である。読むと、ひとに言いたくなる。各章から一つずつ取り上げて紹介してみよう。

"boot"の原義は長靴、あるいはいわゆるブーツである。現在はいくつもの意味をもっており、その中に、イギリスでの使用ということのようであるが、「自動車のトランク」という意味がある。なぜブーツがトランクになるのか。かつて"boot"には「馬車の御者台」という意味があった。これはおそらく御者がブーツを履いていたことによる。御者台の下には荷物入れがあった。そこで"boot"が「御者台下の荷物入れ」になった。それが、乗り物の変化とともに、自動車のトランクの意味に変化した。こうして、数百年かけて、"boot"はトランクという意味を獲得したのである。（第1章「もっとも語義の多い英単語は？」）

本の帯にも問題として出されているが、"a hand of bananas"とはどんな手のことか。バナナのように太い指の手であるとか、指が幾本もたわわに伸びている手というわけではない。バナナの形状が手に似ているので一房のバナナをこう言うのである。ふうむ。知らなかった。（第2章「a hand of bananas はどんな手？」）

なぜカボチャは「カボチャ」と言うのか？　まるで落語の「やかん」みたいな問いかけだが、答えは「やかん」のご隠居より面白い。この野菜がカンボジア原産と思われたためだというのである。そこで原産地の地名がその野菜の名前に転用された。いわゆる「メトニミー」というタイプの比喩である。「カンボジア」を繰り返し言いながら「カボチャ」に変形させていくとなんとなく口元がにやにやしてしまう。あ、これは英単語の話題ではなかった。まあ、よい。（第3章「bottle を飲み干す」）

"silly"という語はもともとは「幸福な」「祝福された」という意味であったという。ところが、皮肉として使われ続けたために、いまでは皮肉でもなんでもなくストレートに「愚かな」という意味になってしまった。日本語で「おめでたい人」と言うと「能天気な人」を意味するのと同じで、実に、面白い。（第4章「quite a few はなぜたくさん？」）

人に何ごとかを依頼したり要請したりするときに、なるべく押しつけがましくならないように配慮するのは人情というものであるが、これが語義変化をもたらす。"must"は語源的には「余裕・余地がある」という意味の本動詞であった。古英語の段階で助動詞化が進み、「相手に〜させる余裕がある」といった意味を経由して「〜してよい」という許可の意味になる。あれ、"must"って「〜すべき」じゃないの？と、私などは少し驚くのであるが、もともとは許可だったのが、依頼・要請の場面で押しつけがましくならないように許可の意味の"must"が使われたのである。ちょうどうちの奥さんが「明日の朝、ゴミ出してきてくれていいわよ」と有無を言わさぬ口調で私に言うようなものである。そしてそれが繰り返されるうちに、"must"はストレートに義務・命令を意味するものになる。（第5章「you は多義語」）しかし、そうすると、いま押しつけがましくならないように何かをしてもらおうとしたら、どうすればよいのか。もう"must"は使えないのではないか。実際、現代では"must"は義務の意味では使われにくくなっており、おおむね「〜に違いない」の意味で使われるらしい。（終章「一語一義主義」）そうだったのか。まあ、英語圏の人に"You must ..."などと言う度胸は私にはないが。

一つの概念を表わすのに、いくつかの語が適用可能だというのはごくふつうのことであろうが、それらの語の間には使われやすさに関しての勢力争いのようなものがあり、そうなると力関係の変遷が見られることになる。例えば「少女」という概念を表わす語として、私などは"girl"ぐらいしか思いつかないが、チョーサーを調べてみると一位が"maid"二位が"maiden"三位が"wench"で、"girl"は二回しか使っておらず、「少女」を意味しているのは一回のみであるという。それから二〇〇年ぐらい後のシェークスピアだと、一位は変わらず"maid"二位が"wench"で、"girl"は三位に躍進する。さらに現代に近づいて、ジェーン・オースティンになると、"maid"や"maiden"は激減し"wench"は皆無。そして圧倒的多数を"girl"が占めている。（第6章「トイレを表す語彙の変遷」）

だからなんだと言われるかもしれないが、面白くないですか？

2

とはいえ、授業でこうした事実だけを伝えたとしても、もしかしたら学生の反応はあまり芳しくないかもしれない。だとすれば、寺澤さんはこうした事実を面白いと思う自分の気持ちを自明視せず、これがどうして面白いのかを野暮を承知で説明しなければならないだろう。この本には、そうした配慮が若干乏しいという恨みがないでもない。しかし私には、本全体を通じて、言葉にはこれまでの歴史があり、そしていま現在も新たな方向に動いていこうと揺らぎ続けているのだ、という言語観が立ち上がってくるように感じられる。言葉はけっして固定された言語体系としてあるのではない。先に紹介した"maid""maiden""wench""girl"といった語のせめぎあいを、寺澤さんは「意味のエコロジー」と呼ぶ。まさに言葉が生き物のように捉えられるのである。まるで生物たちのように、はるか昔からの来歴をもち、いまも蠢《うごめ》いている、そんな言語のイメージは、学生たちも面白がってくれるのではないだろうか。（それでも「だからなに？」と冷たい視線を送る学生には、大学に来るなと言いたい。）

終章において寺澤さんは、受験勉強などにありがちな、一つの単語に代表的な一つの意味だけを割り当ててそれを暗記するという単語学習の弊害を説いている。そんな固定化した捉え方では言葉という生き物はつかまえられはしない。いささか大胆に私の考えを述べるならば、単語の意味を捉えるというのは、その固定された意味内容《シニフィエ》を把握することではない。言葉は、その長い歴史の中で意味を変化させていくだけではなく、現在の使用においても、メトニミー的な変化等、意味はなお流動的で可塑的なあり方をしている。これまでの慣用とそのときの社会的状況と言語使用者たる主体（話し手と聞き手）のあり方の相互作用によって、言葉の意味は揺らぎ、ずらされていくのである。この「意味の運動」を捉えねばならない。一つ、楽しかった例文を挙げよう。

I Starbucksed with an old friend who I met again after thirty years.

コーヒーショップの店名が動詞になっている。日本語だと「スタバする」とでもいったところだろうか。（「三〇年ぶりに再会した旧友とスタバした。」）こんな辞書に載っていない語使用が今日もあちこちであぶくのように生まれては消えているに違いない。そんな中から、反復使用された意味が生き残っていく。語はなんらかの固定された内容をその意味《シニフィエ》としてもつのではなく、むしろその場に応じて適当な意味を生み出す「力」をもっているのである。この意味発生の「力」を汲み取ることができたとき、その語の意味を理解できたということになる。寺澤さんが私のこの考えに賛成してくれるかどうかは分からないが、私はこの本を読んで、そんな考えが裏書きされている思いがした。

3

最初に並べ立てたようなことがたんなる豆知識ではなく、もっとずっと面白いことなのだという点に関して、もう一点付け加えたい。こうしたことが分かるということ、それはすごいことである。とはいえ、この驚きはあまりに素人臭い驚きで、専門の研究者には私が何に驚いているのかよく分からないかもしれない。私は、哲学を専門としている。しかも、哲学の問題を解決しようと自分でああでもないこうでもないと頭をひねることが基本である。それを研究と呼ぶことが許されるのであれば、いわば実証系の研究ではなく、妄想系の研究である。そんな私の目から見ると、先に紹介したような事実は、面白おかしく紹介することはたやすいけれど、実証することはどれほどたいへんかと思わざるをえない。

例えば、“interest”という名詞は「興味、関心」という原義から「(金銭の貸し借りを伴う)利害関係」という意味が派生したとあるが、そこにさりげなく括弧でくくって「一四五二年初出」と書いてある。さらに「利子、利息」という意味も派生するが、そこには「一五二九年初出」とある。あるいは、"virus"が「コンピュータに入り込んで悪さをするもの」という意味で使われたことには「一九七二年初出」とある。「初出」であると分かるにはそれ以前には存在しないということを調べねばならない。かつ、録音されていない日常の会話や残されていない何気ない文章は別として、すべての文献に当たらねば言えないのだ。もちろん、寺澤さんはこれまでの研究の成果を利用しつつ、自分の研究を上積みしていっているのだろうが、そうしたこれまでの研究も含めた、その膨大な努力に、天井をじっと見つめて妄想に耽るだけのものぐさな哲学者はいささか呆然とするのである。

4

最後に、私の妄想にも少しおつきあい願おう。

第2章ではメタファーが扱われる。そこでコミュニケーションに関する英語表現を見てみると、例えばこのような表現がある。

We cannot possibly put our thanks into words.

文字通りに言えば「感謝を言葉の中に入れる(put)」のである。あるいは、“contain”“cram”“convey”“extract”といった語彙も用いられる。表現したい内容を言葉に込めたり、運んだり、取り出したりするという、いわば言葉を容器のように捉えているのであり、ジョージ・レイコフの概念メタファーの言い方をすれば「導管メタファー」である。それに対して、日本語は言葉を液体のメタファーで捉える傾向があるという。例えば、「本音を漏らす」「愚痴をこぼす」「デマを流す」「言いよどむ」「外来語が氾濫している」「悪口《あっこう》を浴びせる」「こぼれ話」「言葉があふれ出る」「悪口を垂れる」等々。もちろん英語にも液体メタファーでコミュニケーションを捉える場合はあるし、逆に日本語の場合でも導管メタファーは見られる。しかし、傾向として言えば、英語は導管メタファーが優勢であり、日本語は液体メタファーが優勢であるという。

私などは、こういう指摘を読むとおおいに感心し、たちまちにして妄想のスイッチが入ってしまう。学術性ゼロのたわごとを垂れ流すのも気が引けるが、少しだけ述べさせてもらいたい。

俗説かもしれないが、英語は名詞に重きをおき、日本語は動詞に重きをおくと言われる。形容詞も含むだろうから、動詞というより、述語と言うべきだろうか。そうだとすれば、名詞に重きをおくという言い方も「主語に重きをおく」と言った方がよいのかもしれない。そして、もしそれがある程度正しいのだとしたら、英語と日本語の間には「主語中心的言語」と「述語中心的言語」とでも呼びうる区別が見てとられるように思われる。

『英単語の世界』32 ページより．絵：大塚砂織

名詞の意味を考えるときの一つの捉え方は、名詞はある対象を指示するというものである。「寺澤盾」や「富士山」といった固有名詞、あるいは「『英単語の世界』の著者」や「日本で一番高い山」といった確定記述句であれば、個人や個物を指示するだろう。そこで普通名詞が指示する対象は何かと考えたとき、一つの考え方は、イデア的な普遍者を普通名詞の意味とする、というものである。[*] 例えば「犬」という語の指示対象として、個々の犬の個別性をすべて削ぎ落とした犬のイデアないしそれに類するものを考える。イデアという考え方を避けたいのであれば、なんらかの心理的な状態であることを期待して「犬の一般観念」と言ってもよいだろう。哲学的にも問題があるこうした立場に英語使用者がコミットしていると言いたいわけではない。しかし、無自覚であるにせ

よ、そうした方向へと言語使用者の感覚が傾きがちであることは確かだろう。名詞は、その意味としてなんらかの対象が想定されがちであり、それゆえ普通名詞の場合にはその一般性を掬い取るために、一般性をもった対象が自然に想定されがちになるのである。

それに対して、動詞や形容詞はそうした実体的なものよりも、現われや移ろいといった捉え方がより自然に思われる。例えば「走っている」という動詞は、何ものかがある時点において行なっていることを表現している。イデアが無時間的であるのに対して、「走っている」はあくまでも時間の中で起こることである。次の時点では歩いているかもしれない。これに対して「走り」と名詞化すると、一般化の方向へと向かうことになる。なるほど、「走り」という名詞を用いて「彼女のあのときの走りは最高だった」のようにある時点のできごとを描写することもできるが、しかし、「あのときの走りをもう一度見せてほしい」のように、その「走り」は特定の時点から切り離され、一つの型として一般化しているのである。

現実はイデアの影にすぎない。それは現われであり、移ろいゆくものである。まして私たち自身の経験や思いはそうだろう。他方、もし言葉がイデア的な意味と結びつくのだとしたら、そこには、言葉と世界・経験・思いとの乖離が生じる。このことが、導管メタファーと結びついていると考えられないだろうか。導管メタファーとは、言葉を堅い導管として表象し、表現される世界・経験・思いをその導管を流れる流体として表象する。世界・経験・思いよりも、言葉の方が堅牢なものとしてイメージされているのである。これは、言葉をイデア的なもの、実体的なもの、普遍的なものと結びつける捉え方にほかならない。すなわち、主語中心的言語は導管メタファーと結びつきやすいのである。

他方、動詞や形容詞はまさに現われ・移ろいゆくものと結びついている。それゆえ述語中心的言語では、言葉そのものが流体的に捉えられる。つまり、液体メタファーと結びつきやすいのである。

しかも、導管メタファーのもとでは言葉とそれが表現するものとの乖離が認められるが、液体メタファーのもとではそのような乖離は生じにくい。一つの単純な言い方をすれば、導管メタファーではまず思いがあり、それを言語化するというステップを経るが、液体メタファーの場合には、思いと言葉が癒着していると言えよう。言葉を口にすることは、そのまま思いを漏らすことになる。例えば怒りの表情がまさに怒りの表出であり、怒りの表情そのものが怒りという感情の一部であるように、液体メタファーでは発話が思いそのものの表出となる。

さらに、ここに二つの異なる言語観の違いを重ねることができるようにも思われてくる。一つの言語観に従えば、言葉は基本的に世界のあり方を写しとるものとされる。これは表現される対象を言葉という容器に収めるというイメージであり、導管メタファーにつながるだろう。他方、また別の言語観に従えば、われわれは言葉を用いて相手に何かを働きかけようとする。例えば

「窓を開けてください」と発話することによって、それを聞いた相手にしかるべき行動を促すことになる。これは、相手を動かす力をもった音声を口から発することとして言語使用を捉えているのであり、液体メタファーに通じるのではないだろうか。私としては、後者の言語観により親近感を抱くのだが、それはつまり、私が日本語でものを考えているからかもしれない。

しかし、いくら妄想でもいささか強引で粗雑に過ぎたようだ。ともあれ、この本は随所にこんな妄想を喚起する力をもっている。実は、寺澤さんが取り上げている時間のメタファーについても、なんだか私の脳みそはむずがゆくなってあれこれ書きたくなっていたのだが、このあたりで筆をおくことにしよう。でも、一言だけ。なぜ時間に対して左右という言い方が為されないのか。「前後」(食前・食後)や「上下」(過去にさかのぼる、時代がくだる)は言うのに。(これはどんな言語でもそうであるらしい。)

ほら、なんだか考えてみたくなるでしょう?

*「イデア的な普遍者を意味とする」とはどういうことなのかと質問しないでいただきたい。私にもなんのことやらよく分からないのである。

5　『子どもの難問』を読む

『子どもの難問』は私が編者となって出版した本です。子どもが発するような素朴な問いを私が出して、それに私を含む二三人の哲学者たちが答えるという趣向です。一つの問いに二人ずつが答える。読み比べてみるとなかなか面白かったりします。

発した問いの数は二二個。その中から二編を選んで読んでみましょう。「ぼくはいつ大人になるの？」という問いに対する熊野純彦さんの回答と、「好きになるってどんなこと？」という問いに対する田島正樹さんの回答です。念のために言っておきますが、これは別にすべての回答の中から一等賞と二等賞を決めたということではありません。その回答を読んで、私も彼らと対話するようにして話してみたくなった。そんな二編を取り上げたということです。

1 「大人とは、遥かにとおい思いをいだく存在である」(熊野純彦)を読む

では最初に、熊野純彦さんの回答を読みましょう。全文引用しておきます。問いは「ぼくはいつ大人になるの?」です。

大人とは、遥かにとおい思いをいだく存在である

熊野純彦

たとえば「あのひとは猫だ」と語ったとします。「あのひと」と語りはじめているくらいですから、問題が人間であることはだれでも分かっています。

人間はネコ科にぞくする愛玩動物ではありませんし、いちにち寝てすごすこともできません。言われているのは、たぶん、「あのひとは気ままなひとだ」くらいのところでしょうか。

大人や子どもといったことばにも、似ているようですこしちがう、とくべつな使われかたがあります。このことから考えておきましょう。

たとえば、四十歳もすぎた「立派な」大人を指して、「あいつは子どもだ」と言うことがあります。逆に中学に入ったばかりの「ほんの」子どもについて、「あの子も大人になっ

た」と語ることもあるでしょう。二番目の例は、答えなければならない内容にかかわっていますから、ここではまず最初の場合を考えておきます。

四十面《づら》さげたおとこに向かって「子どもだ」と語るときにも、いろいろなケースがあるでしょう。働こうともしないとか、働いていてもじぶんの仕事に責任を持とうとしないとか、相手の気持ちが分からないとか、その他さまざまです。じゅうぶんな検討はできませんけれども、「子どもだ」が、すくなくとも批難の意味をこめて口にされるときには、そこではたいていの場合、「自分勝手」とか「じぶん以外のことを考えない」といった内容が入りこんでいるように思います。

じっさい、子どもとはそうしたものです。子どもはときに「自分勝手」ですし、ときとしてひどく「残酷」です。それは無理もないところで、子どもは「じぶん以外のもの」をほとんど知らないし、知る必要もないからです。

じぶんとおなじくらい大切なもの、かけがえのないこと、置きかえのできないひと、そうしたなにかを知ることが、おそらくは「大人」になる入口になるのでしょう。それまではただの「子ども」、ある意味では「幸福な」子どもであった存在が、じぶん以外のもの、こと、ひとを考えざるをえなくなります。じぶんとおなじくらい大事、あるいはもしかするとじぶんよりも大切ななにかと感じてしまうことになります。

そのなにかとは、ものでしょうか、ことでしょうか、ひとでしょうか、夢でしょうか。そのどれかは分からないし、そのどれでもいいと言ってもよいのでしょう。

もうひとつ付けくわえるなら、これはたぶん、ただの入口です。ほんとうに「大人」になるためには、その大切ななにか、かけがえのない或るものを失うこと、大きななにかを諦めることが必要な気がします。

それまで「子ども」だったものは、そのとき、「切なさ」とか「懐かしさ」を覚えることになります。「切なさ」や「懐かしさ」は子どもには理解しにくい感情なのです。手にしたいのに手が届かないもの、もう二度と帰ってはこないものや、こと、ひとへの、それは遠くはるかな想いであるからです。

かけがえのないものを知る

子どもは「「じぶん以外のもの」をほとんど知らないし、知る必要もない」、熊野さんはそう書いています。しかし、率直に言って、この指摘には首をひねる人もいるでしょうね。子どもにだって子どもの人間関係があります。親、先生、友だちとの関係、クラブ活動等々、そんな中で、自分以外の他人を知らないわけがないし、知る必要がないわけでもありません。

熊野さんは何をおかしなことを言ってるんだろう。でも、「この人の言ってることはおかしい」と切り捨ててしまうのは気が早すぎます。むしろこの違和感をテコにして、熊野さんが何を考えているのか、さらに踏み込んで読んでいきましょう。

熊野さんは続けて、「大人になる」ということに対して一つのポイントを提示します。それは、「自分以外のかけがえのない何か」を知ることです。子どもは自分以外のものをほとんど知らない。それが自分以外のかけがえのないものごとや人を知ることで大人になっていく、というわけです。だけど、自分以外のかけがえのない何かを知ることと「大人」とはどうつながるのでしょうか。

うっかりすると熊野さんの回答はこんなふうにも読めてしまうかもしれません。――子どもは自己中心的だから、自分以外のものをだいじにしない。自分以外にだいじなものに出会うこと、それが子どもを大人へと成長させるのだ。

こう読んでしまうと、熊野さんの文章がすごく平凡なものに思えてしまいます。いや、平凡なだけならまだいいのですが、まちがっているようにも思えます。というのも、子どもにも自分以外にだいじなものはいくらでもありますからね。親、飼い犬、友だち、ぬいぐるみ、子どもによっては毛布とか。

では、自分以外のかけがえのない何かを知ることとは、どういうことなのでしょう。そしてそれはどのようにして子どもが大人になることと結びついているのでしょう。ここで、熊野さんの考えに近づくために、少し熊野さんの文章から離れてみましょう。というか、こういう哲学的な文章を読んでいると、自分でも考えてみたくなるんですね。いま問題になっているのは子どもと大人の対比ですが、もっとコントラストを強めて、人間と人間以外の動物(めんどくさいので、以後「人間以外の動物」はたんに「動物」と書くことにします)を比べてみましょう。

熊野さんの指摘を人間と動物の対比に適用してみるとこうなります。

動物は自分以外のかけがえのないものを知らない。

熊野さんはきっとこのことも認めると思います。私も、この考えに同意します。でも、多くの人はこの主張に反対するんじゃないでしょうか。とくにペットを飼っている人は、ペットにとって飼い主である自分はかけがえのない存在であると考えているでしょう。(私もそう考えたいのですが、ここが私は飼い主としての私と哲学者としての私で分裂してるんですね。つらいところです。)

ポイントは「かけがえのなさ」というところにあります。「かけがえがない」とは、たんに「だいじ」ということではないのです。「掛け替え」というのは代替物です。ですから、「かけがえがない」というのは「代わりになるものがない」ということ。熊野さんも「置きかえのできない」と書いています。

例えば、好きな人ができたとしましょう。そのとき、もしその人の容姿がいいということで好きになったのなら、容姿がよければ他の人でもいいということになります。容姿端麗でやさしくて仕事ができるからというのであれば、代わりになる人はあまりいないかもしれませんが、同じような人がまったくいないわけではないでしょう。一般に、ある特徴をもっているから好きだというのであれば、その人以外にもその特徴をもった人が現われれば、その別の人で代わりになるわけです。

それに対して、ある人をその人のもっている特徴で好きになるのではなく、まさにその人がその人だからというただその一点だけで好きになったとき、それは「かけがえのない」人になります。あなたはその人が好きなのであって、他の誰かでは(その誰かがどのような特徴をもっていようとも)だめなのです。それが、「かけがえのない」ということです。そう考えると、かけがえのないものって、そんなに多くはないかもしれません。あなたには、何がありますかね。

この点を動物についてさらに考えてみましょう。動物はかけがえのないものをもっているでしょうか。私は、さっきも述べたように、どうもそれに対しては否定的なんですね。例えば、「エサ」とか「水」は動物たちにとってだいじなものでしょう。でも、「このエサ」じゃなければだめだということはありません。他のエサが手に入るなら、それでもかまわない。つまり、代替可能であり、だいじだけれど、かけがえのなさはありません。まあ、動物たちのことはよく分からないので、私も絶対そうだと言い張るつもりはありませんが、彼らは「エサ」とか「水」とか「敵」といったある特徴をもったパターンを認識しているだけだと思うのです。

ペットを飼っている人は、自分のペットが飼い主である自分をかけがえのないものと認識していると思いたいでしょうね(私だってそう思いたい)。いまは犬や猫はどうなのかということが問題ではありませんから、ペットのことは棚上げにしておきましょう。擬人化しにくくてもっと反論されにくい動物、例えばイソギンチャクを考えてみます。イソギンチャクがエビをつかまえて食べる。このエビじゃなくちゃだめだということはなくて、ある特徴をもったものならば、なんでもかまわないわけです。イソギンチャクにはかけがえのないものなど、ないでしょう。

こうしたことを、個別性と一般性という、ちょっと硬い言葉で捉えることができます。かけがえのないもの、それは個別性のレベルにあります。それに対して、同じ特徴をもった他のものと交換可能なもの、それは一般性のレベルにあります。「容姿端麗」という一般性で捉えているか、「この人」という個別性で捉えているか、という違いです。その違いは言葉としては固有名詞を使うか普通名詞を使うかの違いとして現われます。ある魚を「クマノミ」と普通名詞で呼べば、それは他にもいるクマノミのうちの一匹ということになり、一般性のレベルで捉えられていますが、それに「ニモ」とかその魚だけに固有の名前をつけると、もうニモはその魚しかいないことになります。つまり、個別性のレベルで捉えられているのです。駅で駅員さんを見かけたとき、その人を「駅員」という普通名詞で捉えているのであれば、それは他の駅員でもかまわない一般性のレベルですが、その人の名前が例えば「熊飲純彦」さんだと分かったら、熊飲純彦さんはその人だけを指すのに使われる、個別性のレベルになります(同姓同名のことはいまは無視しましょう)。

あらゆるものには固有名詞、つまりそのものだけを表わす名前をつけることができます。でも、どうでしょう、例えば部屋に一人でいるとき、部屋の中を見回して固有名詞のついているものはどのくらいありますか? 私の場合、いま私の部屋の中のもので固有名詞がついているのは私だけです。愛用の時計や、いまも使っているパソコン、とくに名前はつけていません。この時計はそれなりに気に入っているので、壊れたらなるべく同じようなものを買おうと思いますが、だいじなものではあってもかけがえのないものではありません。でも、父親の形見だったりしたら、この時計は、同じ型のものがまだ売っていたとしても、世界でただ一つの他に代えようがないものとなります。別に形見じゃなくても、このパソコンに「ポチ」とか名前をつけたら、もうポチはこのパソコンだけで、同じ型のパソコンを持ってきても、それはポチじゃないわけです。

同じ特徴をもってさえいれば他のものでもかまわないという一般性の態度と、これじゃなければだめなんだという個別性の態度はまったく違うものです。それで、ここに人間以外の動物と人間の違いを私は重ねたいんです。単純には動物は一般性のレベルだけで生きていて、人間は一般性のレベルだけではなくて個別性のレベルでも生きていると、きっぱり分けたいところですが、いまは予想される反論に譲歩してグラデーションをつけましょう。（私は、個別性のレベルが成立するためにはあくまでも固有名詞の使用という言語活動が必要だと考えているので、固有名詞を使わない動物たちには個別性のレベルは成立していないと言いたいのですが、そう断言できるかどうかまだ自信がないので、いまは控えておきます。）イソギンチャクは一般性の態度だけで生きています。人間はそこに個別性の態度が加わります。その間はさまざまな程度差があると考えておきましょう。

そして、子どもはまだ動物に近いのだと、私は言いたいのです。子どもは最初イソギンチャクと同じように一般性のレベルだけで生きている。でもだんだん人間のレベルになってくる。熊野さんが指摘した子どもが大人になるための条件「かけがえのない何かを知ること」を、私はこのような話として理解します。

一点、補足しておきましょう。「かけがえのなさ」と「個別性」は、同じ意味で使ってもいいのですが、日常的な語感としては、「かけがえのなさ」には「個別性」に加えて「だいじに思う気持ち」が加わっているように思います。つまり、「かけがえのなさ＝個別性＋だいじに思う気持ち」です。しかし、こう書いてしまうと、個別性のレベルがまず成立し、それからそれをだいじに思うことで「かけがえのなさ」が成り立つように思われてしまうでしょう。でも実はそれは逆で、まず「かけがえのなさ」という意識があるのではないでしょうか。ほっといても個々のものを個々のものとして個別性のレベルで捉えるというわけではないと思うのです。ほっといたら、人間もすべてを一般性のレベルだけで捉えるでしょう。だけど、そこで本当にだいじなものに出会い、それを他の人/ものでは代えられないと思うとき、かけがえのないものという意識が生じます。とくにだいじではないものに対しても固有名詞を用いて個別性の態度で接するようになるのはその後だと思うのです。だから、さっきは「かけがえのなさ=個別性+だいじに思う気持ち」と書きましたが、正しくは「個別性=かけがえのなさ-だいじに思う気持ち」と書くべきなのです。

子どもがまず最初に意識するかけがえのないものというのは、自分自身でしょう。自分自身は他のものに取り換えることができません。自分以外のものはまだ一般性のレベルで捉えていても、自己意識が芽生えた子どもにとって、自分自身は他の何ものにも代えられないかけがえのないものです。イソギンチャクには自己意識はないでしょうから、自分自身をかけがえのないものと捉えている子どもは、イソギンチャクから人間に向けての一歩を踏み出していると言えます。

でも、それだけではまだ十分に人間的とは言えません。自分以外のかけがえのないものと出会うこと。それが必要なのだと、熊野さんは主張するのです。

かけがえのない何かを失うこと

しかし、自分以外のかけがえのないものと出会うだけでもまだ足りない。熊野さんに従えば、それはまだ「大人になる入口」にすぎません。大人になるためにはかけがえのない何かを失うこと、諦めることが必要だというのです。なぜでしょう。ここは分かりにくいところです。熊野さんも、「たぶん」とか「気がします」という弱い言い方しかしていません。それ以上何も書いてありませんから、自分で考えてみましょう。

かけがえのない何かを失った経験を思い出してください。まだそういう経験がないという人、熊野さんの基準によればまだ十分に大人になりきれていないということになりますが、その人はかけがえのない何かを失うことを想像してみてください。それはたんにだいじなものを失うというだけではありません。他のものに代えることのできない、それ、そのこと、その人を失うのです。それはもう二度と戻ってきません。絶対的な喪失です。

かけがえのない何かを失い、その絶対的な喪失を受け入れる。そのとき、私の中に変化が生じるのではないでしょうか。飼っていた犬に死なれたとしましょう。似たような特徴をもった犬は他にもいるかもしれません。でもそれは私が飼っていたあの犬ではありません。似たような犬を見かけたときに、似ているけれど違うというそのことが、私にさまざまな思いを呼び起こすでしょう。悲しみや切なさといった感情が湧き起こるかもしれませんし、一緒に散歩した思い出がよみがえるかもしれません。

私の中に生じる変化がいっそう顕著なのは、やはりかけがえのない人を失ったときでしょう。この場合も、折に触れて悲しみ・切なさや思い出が呼び起こされるでしょうが、それだけではなくて、こんなときあの人だったらどうするだろうとか、あの人だったら何て言うかなあといった思いも生じます。つまり、いまはもういないその人のまなざしでものごとを見るということが起こります。

これはどういう変化なのでしょうか。ちょっと曖昧な言い方ですが、こうしたことを私は「失われたかけがえのないものが私の中に息づき始める」のように言いたくなります。かけがえのないものが私の目の前から姿を消してしまうことによって、私の内側に入り込んでくるのです。私はそのかけがえのないものを通してものごとを見るようになります。もう死んでしまったかけがえのない人のまなざしを通して、ものごとを捉えるようになる。そうして私のものの見方の内にさまざまなものの見方が入り込み、息づき、私のものの見方は重層化していくのです。かけがえのないもの、かけがえのないこと、かけがえのない人を自分の中に息づかせ、そのまなざしでそうしたかけがえのないものが失われた世界を見るとき、そこには切なさという感情が伴いもするでしょう。そして確かに、これは子どもにはない大人たちの感情であるように思われます。

子どもは目の前のことで手一杯なのかもしれません。自分の目の前にある遊び道具、目の前にいる人、目の前にある食べもの……、それらに一喜一憂する。その意味では、子どもは無邪気で単純です。でも大人は必ずしもそうではありません。折に触れて、目の前にあるものごとを、いまは失われてしまった目の前にないものや人を通して見ることをします。端的な例はお墓かもしれません。目の前にあるものはたんなる墓石です。しかし、それがいまはもう死んでしまったかけがえのない人のお墓であるならば、それはけっしてたんなる石の塊ではありません。またイソギンチャクの話を引き合いに出しますが、イソギンチャクは触れたものにしか反応しません。しかし人間は違います。そこにあるものを、そこにないものの不在の思いが意味づけ、そうして意味づけられた世界に人間は生きています。その意味づけが複雑になり、重層化していく、それが大人になるということなのかもしれません。

さて、熊野さんが言っていたのは、子どもが大人になるためにはかけがえのない何かと出会うこと、そしてさらにそのかけがえのない何かを失い、諦めること。そのときに切なさや懐かしさといった感情が生じるだろうということでした。そして熊野さんのその考えが腑に落ちるように、私は私自身の考えを紡いできました。でも、まだ一点取り上げていないことがあります。最後に出てくる「懐かしさ」の感情です。熊野さんの考えを理解しようとして、何度か読み返してみても、なぜここで「懐かしさ」が出てくるのか、ピンときませんでした。かけがえのないものを失った、その喪失感はなるほど切なさという感情を引き起こしもするでしょう。だけど、懐かしさはそうした絶対的な喪失感とは別のものなのではないか。例えば、押し入れの隅から昔よく遊んだおもちゃが見つかるとします。「懐かしいなあ」と思う。でも、それは喪失感による感情ではないでしょう？　確かに、子どもはそんな感情をあまりもたないだろうとは思います。でもそれは、いま熊野さんが追求しているかけがえのないものを失うという話とは別筋の話なのではないでしょうか。だって、いまの例の場合だと、そのおもちゃはいまもあるわけですから。あるいは、昔住んでいたあたりを訪れたときに、昔と同じような景色が残されていると懐かしさを覚えます。もしその景色、買物をした店、ぼーっと時間をつぶした公園がなくなっていたら、切なくはなるでしょうが懐かしさは生じません。いまもあるから、懐かしいのです。とすると、「かけがえのないものを失う」ということに関する文章の終わりに「懐かしさ」を出してくるのは違うのではないか。私はそんなふうに思ったのです。

でも、熊野さんの文章を何度目かに読み返して、そのあと散歩をしているとき、とくに熊野さんの文章について考えごとをしていたわけではないのですが、「あ、そうか」と気がついたんですね。懐かしさっていうのは時間に対する意識なんだ。

そのおもちゃが懐かしいんじゃなくて、そのおもちゃで遊んだあの頃が懐かしい。そしてあの頃はもう二度と戻ってはこない。それはまさにかけがえのないものの喪失じゃないか。

だから、懐かしさの感情にとって、物そのものは本質的じゃないんです。おもちゃの例で言うならば、昔遊んだのと同じタイプのおもちゃをどこかで見かけたとしても、やっぱり懐かしいなあと思うでしょう。そのとき懐かしんでいるのはそのおもちゃという物そのものではなくて、それで遊んだ昔という時間なのです。

そう考えると、いささかロマンチックに過ぎるかもしれませんが、この一瞬一瞬がかけがえのないものであり、しかも瞬時にして失われていくものだということに気づきます。この、時間のかけがえのなさを痛切に感じるのは、大人というよりも老人というべきかもしれません。いずれにせよ、子どもにはそんな時間意識はまだ芽生えていないでしょう。だから、「また明日!」と屈託なく手を振ることができるのです。いや、実のところ、私はそんな子どもたちがうらやましくもあるのですが。

2 「新しい世界に歩み入る」(田島正樹)を読む

次に田島正樹さんの回答を読みましょう。問いは「好きになるってどんなこと?」です。

新しい世界に歩み入る

田島正樹

何かを好きになったとき、僕らは何かしらいい気持ちがすると思う。いつの間にか、なぜか知らずに好きになってしまっている。好きになってしまっている自分にびっくりすることもある。

でも、そんな自分のことがまんざら嫌でもない。いやそれどころか、少しばかり誇らしくもある。なぜならそれは、新しいものに気づくばかりか、まったく新しい世界に踏み入れるのにも似ていて、それからは、日ごろ見慣れたものさえも目新しく、新鮮なものとして出合われることになるからであり、つまり、少し成長したような気分を味わわせてくれるからだ。実際、サッカーを好きになったら、次にはどんなプレーをしようとか、新しい技を試してみようかとか考えるし、将棋を好きになったら、もっと将棋を差したくなって、うずうずしてくるものだ。

そうすると、そのような世界を知らなかったこれまでの自分とこれまでの日々は、みすぼらしく、味気ないものにも感じられる。何かを好きになるってことは、わくわくするように明日からの生活が楽しくなることであり、これまでしたことのないことが次々に起こる予感が膨らむことである。それは、一段大人になったようなことだから、誇らしい気になるのも当然だ。だからこそ、好きになったもののことを、他人にも話したくなる。たいていは話してもよくわかってもらえないけど。

実際、わくわくするということは、本当に自分が成長していないと味わえないものだから、自分が思っているほどではないとしても、成長しているのは間違いない。

ところが、自分を変えるのが嫌いな人は、何も、誰も好きにはなれないし、あえて新しいものに関わろうともしない。成長なんか、したくもないんだろう。確かに、変わるって事はいくらか怖いことでもあるからね。そんな人は、いつも不機嫌で他の人に意地悪ばかりするけど、本当は一番自分に対して意地悪なのさ。

ときには、好きだった人のことが嫌いになることもある。でもそれは、必ずしも悪いことじゃない。いったん好きになった人を嫌いになるとしても、何もかも全部嫌いになってしまうことなんて絶対ない。嫌な面に気がつくくらい、その人のことがわかるようになったのだから、何も感じなかった退屈な元の自分に戻ることはない。

甘いものだけ食べても飽きてくるように、好きなものだけ集めてみても思ったほど楽しくはないものだ。それは、好きだと分かっているものだけでは、新しい世界への冒険に乏しいから。ときにはワサビとか薬味を混ぜて料理が引き立つように、人生にも冒険が必要だ。嫌いだと思ってた人を好きになるようなとき、僕らはかえって一層深く好きになるのも、そのためだ。

好きになった人を嫌いになってみたり、また好きになったりしながら、僕らは結局、自分自身を喜んで受け入れられるような生きる形を、この世界の中に見つけていくんだと思う。自分を愛せなくては、人を愛することもできないが、人を愛さなければ、自分を愛することもできないのが難しいところ。

とくに引っかかるところもなく読めてしまったかもしれません。でも、注意深く読むと、いくつか「あれ、どうして?」と思うところが出てきます。田島さんは、何かを好きになるということと、自分の成長とを重ねています。でも、どうして何かを好きになることが自分の成長と結びつくのでしょう。それから、嫌いになることについても述べていて、「それは、必ずしも悪いことじゃない」と言っていますが、どうしてでしょう。何かを嫌いになるのって、いやなことじゃないでしょうか。「嫌いだと思ってた人を好きになるようなとき、僕らはかえって一層深く好きになる」とも書いていますが、本当にそうでしょうか?　そして最後に、「自分を愛せなくては、人を愛することもできないが、人を愛さなければ、自分を愛することもできない」とあります。なんとなく気分は分かりますし、だいじなことを言われているような気もするのですが、これも、本当にそうでしょうか。他人のことなんかぜんぜん愛さなくて自分のことしか愛さない自己愛の強い人って、いそうな気がします。でも、田島さんは「人を愛さなければ、自分を愛することもできない」と言います。田島さんがそう考える理由は何でしょうか。

何かを好きになると意味が再編成される

最初の疑問から考えていきましょう。何かを好きになることと自分の成長が結びつくというのはどうしてか、という疑問です。この疑問に対して思いつく一つの答えはこうじゃないでしょうか。「好きこそものの上手なれ」というやつだな、と。例えば英語を好きになると英語を勉強する気になって、英語ができるようになる。こうして、あることを好きになることが成長の原動力になるというわけです。

田島さんの答えにはそういうことも含まれているのかもしれません。でも、これが田島さんの言いたいことだとは思えません。次の箇所をもう一度読んでみましょう。

でも、そんな自分のことがまんざら嫌でもない。いやそれどころか、少しばかり誇らしくもある。なぜならそれは、新しいものに気づくばかりか、まったく新しい世界に踏み入れるのにも似ていて、それからは、日ごろ見慣れたものさえも目新しく、新鮮なものとして出合われることになるからであり、つまり、少し成長したような気分を味わわせてくれるからだ。

好きになることは「まったく新しい世界に踏み入れるのにも似てい」ると言うんですね。見たことのない新しいものに出会うという変化ではなく、見慣れたものさえ目新しく新鮮に思われてくる、そういう変化が言われています。それはどういう変化なのでしょう。何かを好きになることで、その人にどういう変化が生じるのでしょうか。

例えば、恋愛感情を抱くことを考えてみましょう。誰かのことをすごく好きになると、一日中その人のことを考えていたりします。といっても、一日中その人の顔を思い浮かべているというわけではありません。ただ、見るもの聞くものすべてが好きになった相手の人に関係づけられてきます。ちょっといい店があると、今度その人と一緒に来たいと思うでしょうし、楽しい話題があると早くその人に話したいと思う。あげくの果ては、自分一人でいるときに、それをその人と関係づけて「あの人がいまここにいない」と考えたりもします。求める気持ちが「ここにいない」という不在の思いを生むのです。

もちろん、好きになるとその人やそのものごとについてもっと知りたくなり、新しい知識も増えるでしょう。でも、それだけじゃなくて、すでに知っている見慣れたものたちが好きになったその人やものごとと結びついて、新しい意味をもち始めるのです。田島さんが強調しているのは、このことではないでしょうか。

「新しい意味をもち始める」ということをイメージするために、いまの話を星空に喩えてみましょう。星のことをよく知らない人が星空を見ている場合、ただすべての星が夜空に無関係に散らばっているようにしか見えません。しかし、天文学の知識や星座の知識がそこに加わると、その星たちが関係しあってきます。そこに白鳥やサソリの姿を見るようにもなるでしょう。

そんなふうに、いま見ているものごとも、他のものと新たな関係がつけられれば、そこに新たな絵が浮かび上がってきます。新たな意味が生まれてくるのです。一つ一つはいままでそこにあったものでも、それをどう関係づけるかによって意味が変わるわけです。

何かを好きになったときにも、これと同じことが起こるのではないでしょうか。好きになるとさまざまなことがそのものごとや人に関係づけられてきます。そうして見慣れているはずのものにも新たな意味が与えられる。歩きなれた道も好きな人と歩けばぜんぜん違った感じになるでしょうし、よく行くお店も今度その人を連れてこようかなんて思ったりする。そしてさっきも言ったように、一人の部屋が「あの人のいない部屋」という不在の相貌で立ち現われたりもします。あるいは、あるサッカーチームが好きになれば、それまでは気にしなかったようなスポーツニュースに注意するようにもなるでしょうし、試合のある日の天気が気になったりもします。

また、好きになったもの、好きになった人は、私にとって新たな価値の基準になります。自分が好きになったものや人に関係するようなものが、より高い価値をもつようになります。好きなチームに関係するレアアイテムは、多くの人にとってはどうでもいいものだったりするかもしれませんが、サポーターにとっては宝物になったりもするでしょう。こうした変化は、私の生活に何か新しい要素が付け加わるというだけの変化ではなく、世界全体に関心や価値のフィルターがかけられるという形の変化です。好きになったものや人を通して、ものごとを捉えるようになるのです。

何かを好きになると、私の関心や価値観のあり方が変わり、ものごとの捉え方が変わる、いわば意味の再編成が起こります。これが、何かを好きになるときに生じる変化として、田島さんが強調していることでしょう。でも、まだ田島さんが「まったく新しい世界に踏み入れるのにも似てい」ると言うときに考えていることを十分には捉えきれていないような気がします。回答の最初の段落で、田島さんはこう言っています。

いつの間にか、なぜか知らずに好きになってしまっている。好きになってしまっている自分にびっくりすることもある。

私は何かを好きになったときの変化を「意味の再編成」として捉えましたが、田島さんはさらにその「新しさ」を強調します。新しいから「びっくりする」のです。ここのところをもう少し踏み込んで考えてみましょう。

何かを好きになるというのは、自分の意のままになることではありません。好きになろうと努力するということもありますが、それも、好きという気持ちが自然に生まれてくるようになるべくよい面を見るようにしたりしてお膳立てを整えるところまでで、好きでもないものをスイッチを入れるようにして好きになるよう仕向けるなんてことは不可能です。

比較のために、意のままになる事例を考えてみましょう。例えば予定も約束もない休日に、映画でも観てくるか、家にいて本を読むか、それとも天気がいいからどこか散歩してこようか、それは自分で選ぶことができます。そしてちょっと変な言い方をしますが、どれを選んでも意味の再編成はとくに起こりません。——やっぱり、あまり伝わらない言い方でしたね。つまり、「映画を観る」「本を読む」「散歩する」といったことの意味はよく分かっています。分かっているから、「今日は散歩しようかな」とこれからのことを考えることもできるのです。

あたりまえすぎて私がまだ何を言いたいのか分かりにくいかもしれませんが、それに対して、意味の分からないことに関しては考えることもできません。例えば「セパタクロー」という言葉を聞いたことはあるけれども、いったいそれは競技なのかダンスなのか、もしかしたら料理の名前かもしれないという状態だったとしましょう。そのときには、「そうだ、今日はセパタクローをしよう」と考えることなどできはしません。（意味を知っていても、私にはとてもセパタクロ－はできませんが。）私が未来のことを考えるとき、それは私が理解している意味の範囲で、考えるしかありません。

だけど、何かを好きになることは意味の再編成をもたらします。見慣れたものに対しても、新しい意味づけがなされます。それは新しい意味ですから、意味の再編成が起こる前の私にはまだ理解できません。だから、意味の再編成は自分の意のままにできることではないのです。それは私が予定を立て計画を立てて為しうることではなく、偶然の成り行き、偶然の出会いによるしかありません。何かを好きになることもそうです。何かを好きになるとは、偶然の出会いを通して、意味の再編成に晒されるようになることなのです。

例えば、ある人とお見合いをしたとしましょう。釣書《つりがき》や第一印象で、この人（花子さん）なら結婚してもいいかもしれないと思ったとします。でもまだ好きにはなっていない。そこで好きになろうとする。そういうことはあるかもしれません。でも、花子さんを好きになるということがどういうことであるのかは、あなたが花子さんを好きになってみなければその実際のところは分からないでしょう。花子さんを好きになることによって、あなたの関心や価値観のあり方が変わるはずです。そしてそれに応じてものごとに対する見方、意味づけが変わります。どんなふうに変わるのか、それは新しい意味の到来ですから、花子さんを好きになる前のあなたには予想できないことなのです。いわば、分かるのは好きの「外側」だけで、他ならぬ花子さんを好きになることを「内側」から分かることはできません。それは、花子さんを好きになったあなただけが知ることのできる世界なのです。田島さんが「まったく新しい世界に踏み入れるのにも似てい」ると表現しているのは、こういうことなのではないかと私は思うのです。

何かを好きになることは自分を成長させる

田島さんはこのような新たな意味の到来、意味の再編成をたんなる変化としてではなく、「成長」として語っています。なぜ「成長」なのでしょう。何かを好きになることは必ずその人を成長させるのでしょうか。例えば、ギャンブルを好きになることによって堕落したなんていうエピソードはありふれたものでしょう？　自分を成長させてくれるものを好きになるから成長するのであって、なんであれ、たんに好きになることが成長をもたらすというのは、ちょっと違うのではないか。

いや、そうじゃない。きっと田島さんはそう言うと思います。(そして私も、田島さんほどきっぱりではありませんが、多少はそれに同意したくなります。)たとえギャンブルが好きになって社会的には堕落したとしても、たとえどうしようもないダメ男を好きになって生活がめちゃめちゃになろうとも、田島さんはそれを「成長」として語るに違いありません。そこに田島さんの議論の非凡さというか「すごみ」があると思うのですね。

でも、そうだとしたら、もっと説明してくれなければ分からないという人も多いでしょう。そうですね、おそらく、「成長」ということのイメージというか意味合いが違うのだと思います。田島さんが成長として語るのは、「立派な人格」への成長ではなくて、「豊かさ」(意味づけの豊かさ)に向かっての成長なんじゃないでしょうか。

すべてに無関心な人がいたとしましょう。その人があるときギャンブルにはまります。すべてに無関心というのは、ものごとがもつ「私にとって」の意味や価値がゼロということです。いわばそれは、なんにも絵が描かれていないのっぺりとした星空、ただ無数の星が散らばっているだけの星空のようなものです。そこにその人はあるとき星座を見出します。そして、星空に絵が描かれる。その絵は稚拙なものかもしれないし、醜悪なものかもしれません。しかし、ともかくそこに絵が出現した。意味が豊かになった。田島さんはこれを「成長」と呼んでいるのではないでしょうか。

さらに田島さんは、成長することを肯定し、成長しない人を揶揄《やゆ》しています。

自分を変えるのが嫌いな人は、何も、誰も好きにはなれないし、あえて新しいものに関わろうともしない。成長なんか、したくもないんだろう。確かに、変わるって事はいくらか怖いことでもあるからね。そんな人は、いつも不機嫌で他の人に意地悪ばかりするけど、本当は一番自分に対して意地悪なのさ。

ここはおそらく多くの人が共感しやすいところで、むしろ違和感を感じる私の方がちょっとひねくれているのかもしれません。確かに、立派な人間にはなった方がいいと私も思います。しかし、ここで田島さんが言う「成長」はそういうことではないだろうというのが、いまの私の読みです。ギャンブル好きが昂じて生活が乱れていったとしても、ギャンブルを好きになったということで意味が豊かになる、それを「成長」と田島さんは言うだろうと思うのです。だとすれば、そんな成長なんかしなくたっていいじゃないかと私は思うのです。でもきっと、田島さんはそうは言わない。それでも、成長した方がいいと言うんじゃないでしょうか。例えば、猫は意味の豊かさなんか求めやしません。その意味での成長も望みません。でも、猫だっていいじゃないかと私は思うのです。おそらく田島さんはそんな私をたしなめるか憐れむような笑みを浮かべて私のことを見るでしょう。（あ、誤解されないように言っておけば、私は別に不機嫌でも意地悪でもありませんよ。）

でも、私自身のことは措いといて、田島さんが考えていることをもっと理解しようとしてみましょう。何かを好きになると、それによってものごとに新たな意味が与えられ、ものごとの意味がより豊かになっていく。そしてそれはよいことなのだ。これが田島さんの考えだとして、どうして意味が豊かになっていくことがよいことだと言えるのでしょうか。

それは私たちが「生きる」ということに関わってきます。『子どもの難問』で私は「なぜ生きてるんだろう？」という問いも出しました。それに対する入不二基義《いりふじもとよし》さんの回答を見てみましょう。入不二さんは、「なぜ生きてるんだろう？」という問いに対して「これこれのために生きている」のように答えてしまうと、「生きる」ということがその何かのための手段になってしまう、と指摘します。しかし、生きることは何かの手段としてではなく、それ自体として価値をもつものなのではないでしょうか。入不二さんは次のように書いています。

むしろ、「生きている」ことは、別の何らかの目的や理由のためにあるのではなくて、それ自身の「おいしさ」を、生きていることによって開発し味わうためにあるのだと思います。

これに関連して私は古荘真敬《ふるしょうまさたか》さんがある講演でおっしゃっていた言葉を思い出します。（古荘さんにも『子どもの難問』に執筆してもらいました。）曰く、「よく生きるとは、よーく生きることだ。よくよく生きることなのだ」というのです。私は古荘さんのことをよく知っていますので、講演のあとで「君の場合はくよくよ生きることじゃないのか」なんてからかったりもしたのですが、「よく生きるとはよくよく生きること」という彼の言葉は私の気に入りの言葉になりました。それはまた、入不二さんの、人生それ自体のおいしさを味わうことという言葉とも重なります。そして、ここに、私は田島さんの考えも重ね合わせたいのです。

人生の味わいという観点から言うならば、豊かな意味をもった生き方の方が、味わいも豊かになるに違いありません。例えば、素人と目利きの骨董の味わい方の違いを考えてみてもいいでしょう。一個の茶碗を見ても、素人なら「ふうん」で終わってしまうところを目のある人が見るといろんな見どころがあったりします。たんに「茶碗」という意味、それで茶を飲むという意味だけでなく、どこの焼き物かとか由緒がどうしたとか形があれで景色がこれでとか、実に多くの意味づけが為されます。そして確かにそうした豊かな意味を見出せる人の方が、その茶碗をよくよく味わえるでしょう。だから、よく生きるためには——よくよく生きるためには——意味を豊かにしなくてはいけない。そして何かを好きになることは、そのための最良の方法なのです。もしかしたら、唯一の方法かもしれません。

好きと嫌い

後半のところで田島さんは「嫌い」に目を向けています。そして嫌いということにも肯定的な意味を見出しています。「ときには、好きだった人のことが嫌いになることもある。でもそれは、必ずしも悪いことじゃない。」そして、嫌いになったからといって「何も感じなかった退屈な元の自分に戻ることはない」。また、こうも言っています。「甘いものだけ食べても飽きてくるように、好きなものだけ集めてみても思ったほど楽しくはないものだ。それは、好きだと分かっているものだけでは、新しい世界への冒険に乏しいから。」そして、「嫌いだと思ってた人を好きになるようなとき、僕らはかえって一層深く好きになるのも、そのためだ」と言うのです。

言われていることの気分はなんとなく分かります。だけど、「嫌いになることは必ずしも悪いことじゃない」というのはどうしてでしょう。また、嫌いだと思ってた人を好きになると、その人のことをもっと深く好きになるというのは本当でしょうか。いまのところ私には「そういう場合もあるかもしれないな」程度の共感しかもてないのですが、田島さんはどうしてそう考えるのでしょう。

田島さんの考えに近づくことを期待して、少し私なりに「嫌い」について考えてみます。「好き」に対して「嫌い」があるわけですが、そしてまたすごく好きから大っ嫌いまで連続的に推移するわけですが、その「好き―嫌い」軸から外れたところに「無関心」があります。無関心な状態というのは、そのものごとが私にとって意味も価値ももっていない状態です。意味の豊かさという点では一番低いレベルと言えるでしょう。それに対して、「嫌い」は「無関心」とは違います。そのものごとや人に対して一定の関心をもちつつ、それを嫌悪する。ですから、無関心と比べると「嫌い」は「好き」の仲間とみなすこともできます。

でも、「嫌い」は「好き」がもつ最大の特徴をもっていません。好きになるとさまざまなものごとがそれに関係づけられます。心の底から好きになればあらゆるものごとがそれに関係づけられるようになります。先に述べたように、好きになるとは、新しい要素が一つ付け加わるというだけではなく、世界全体にフィルターがかけられたようになることなのですね。それに対して「嫌い」の場合は、そういうフィルター効果は弱いものでしかないでしょう。基本的に嫌いなものが付け加わるだけです。

うーん。でも、もうちょっと正確に捉えないとだめかな。嫌いなんてレベルじゃなくて、恨みにまでなると、復讐心が芽生えるかもしれません。ドラマなどでは心の底から復讐心に囚われた人が出てきたりします。その人は生活のあらゆるものごとが復讐という観点から捉えられるのかもしれません。それは確かに、世界全体に「復讐」というフィルターをかけてものごとを見ることです。とすれば、このような場合にも強いフィルター効果があると言えるでしょう。

そうか。私はこういう攻撃的な嫌悪感をもったことがないんですね。私の場合、「嫌い」はすみやかに「無関心」に移行するようです。つまり、攻撃するのではなくて切り離して近づかないようにする。そういう人も多いのではないでしょうか。嫌いなものにわざわざ近づいて攻撃するというのは、たいしたエネルギーで、たいていの場合、たんに遠ざけておしまいにするでしょう。

そして「無関心」に移行してしまえば、フィルター効果は失われます。

そうすると、いまは「無関心」に対する状態として「嫌い」を考えているわけですから、考えなくちゃいけないのは相手を切り離して「無関心」に移行する前の、ピュアな「嫌い」です。とすると、確かにそこには相手に対する強い関心と価値づけがあるでしょう。私のような人間はその状態が長続きしないで、「嫌い」はすぐに「無関心」になってしまうのですが、それでも、嫌いと感じているその間は、嫌っている対象に対して関心を向けて、その上で否定的に価値づけるわけです。だとすれば、このような「嫌い」は「好き」のネガとでも言うべきもので、内容は否定的だけれども、構造は「好き」と同じということになるでしょう。

先に、ギャンブルがすごく好きになって生活がめちゃくちゃになってしまうような人でも、田島さんはそこに意味が豊かになったという肯定的な面を見るだろうと言いました。星座の喩えを使うなら、描かれる絵がたとえ醜悪なものであったとしても、そこにはたんに星が散らばっていた夜空に絵が描かれたというポジティブな側面がある。このことがここに重なってきそうです。「嫌い」という気持ちから描かれる絵はハッピーなものとは言えないでしょう。復讐心に燃える人のフィルターを通してみた世界はまがまがしいものでもあるでしょう。しかし、新しい意味の到来、意味の再編成という点では、それは「好き」と同じなのです。

田島さんが考えていそうなことが少し分かってきました。でも、どうもこれではまだ終わらないようです。田島さんは「嫌い」の中にいっそう豊かな意味を生み出しうる可能性を見ているように思われます。

　甘いものだけ食べても飽きてくるように、好きなものだけ集めてみても思ったほど楽しくはないものだ。それは、好きだと分かっているものだけでは、新しい世界への冒険に乏しいから。

好きなものだけでは新しい世界への冒険に乏しいと言っています。つまり、好きなものよりも嫌いなものの方がより新しい世界への冒険があると言うのです。

　例えば、初めて味噌の味を知って好きになった人がいたとします。外国人だとそういうこともありそうです。味噌はその人にとって初めて経験するタイプの味で、それによってその人はさまざまな料理で味噌を試してみるようになったとしましょう。味噌で肉を焼いてみます。うまい。味噌味のパスタを作ってみます。うまい。（私は作ったことないですけど、悪くないらしいです。とくにクリームパスタに合うのだそうです。）そうして味噌はその人の料理の世界を大きく変化させていきます。でも、味噌になじんできて、味噌の味が好きだという自分の傾向も分かった上で、味噌味の新作料理を作ってみて成功したとして、なるほど好物が一品増えはしたでしょうが、そのことによる新たな意味の到来の程度はそれほど大きくはないようにも思います。つまり、自分の好みが分かった上で、予想できる範囲で好物が増えていくというのは、田島さんが語ろうとしている「成長」の観点からはそれほど大きな意義をもつものではなさそうです。

予想できる範囲での変化はさほど意味を豊かにはしてくれません。予想できない、思いもよらぬものと出会い、それを好きになることこそが、より大きな新しい意味をもたらしてくれるのです。それが、田島さんがここで「冒険」と呼んでいるものでしょう。だとすれば、その振幅の最も大きいのが、嫌いから好きへの反転です。子どものころ嫌いだった食べ物が好きになる。若いころは嫌いだった音楽が好きになる。思春期には嫌いだった故郷が好きになる。一時期あんなに嫌悪していた親を好きになる。そこでは価値の転換が起こり、大きな意味の再編成がもたらされています。それは確かにとても大きな変化です。この事情こそ、田島さんが思いきって嫌いなものの中に踏み込んでみるよう「冒険」を進める理由に違いありません。

ここで、私は田島さんが強調していない(しかし強調してもよかったはずの)ことを強調したくなります。人を好きになるとき、その人を好きということとその人のもっているなんらかの特徴が好きということを区別しなければいけません。ええ、熊野さんの文章を読んでいたときの「かけがえのなさ」の話です。その人のもっているある特徴が好きなのであれば、その特徴をもった他の人でもいいわけで、別にその人でなくてもかまいません。でも、人を好きになるとき、他の人ではだめで、その人でなければならないという「かけがえのなさ」が生まれます。

誰かのことを好きになる。私が好きになったその人は、その人にとっての価値と意味づけをもった世界に生きています。その価値と意味づけを、私はすべて好きになるわけではないかもしれない。でも、私は私と異なる価値と意味をもった世界に生きているその人を好きになるのです。これは、その人のもっているなんらかの特徴を好きになるというのとはまったく違います。例えばその人が容姿の美しさという特徴をもっているとします。私がその特徴を好きになるのは、私の価値観、美意識によるものです。つまり、その場合には、私の価値観や意味づけは変化しないか、あるいは変化しても大きくは変化しないことになります。それに対して、私とは異なる価値と意味づけをもった世界を生きている誰かを好きになるときには、私はその人を好きになることによって、その人が発信してくる私とは異なる価値と意味づけを浴び続けることになります。それを私のものとして受け入れるかどうかはともかく、私は私が好きになったその人が価値づけ、意味づけた世界のすべてを受け止めようとするでしょう。これは、嫌いなものの中に踏み込んでいくよりもはるかに大胆な冒険だと思うのです。

だから、人間を好きになることには特別な意味があります。

田島さんは最後に、「自分を愛せなくては、人を愛することもできないが、人を愛さなければ、自分を愛することもできない」と述べています。なぜ、自分を愛せなくては人を愛することができないのか。なぜ、人を愛さなければ自分を愛することができないのか。ここまでの考察から自ずと答えは得られるでしょう。

田島さんがここで「自分を愛する」と言っているのは、自分を成長させること、喜びをもって自分自身を育むことです。成長しようとしない人のことを田島さんは「自分に対して意地悪」な人と述べていました。逆に自分を愛する人とは、喜びをもって自分の成長を受け入れる人でしょう。そして、人を愛することによって私は成長します。人を愛することによって、私にとってより豊かな意味づけと価値が世界にもたらされるのです。だから、自分を愛さない人、すなわち自分の成長を拒む人は、人を愛することも拒むことになります。

逆に、自分以外のものを愛さなければ、とりわけ人を愛さなければ、私の世界は乏しい意味づけのままに留まるしかありません。だから、喜びをもって自分を成長させようとするならば、つまり自分を愛するためには、人を愛さなければならないのです。

ただし、先にも少し述べたように、私自身は田島さんが「意味を豊かにする＝成長する」ことに重きをおきすぎているように感じます。意味を豊かにすることが人生を味わう上でだいじであることは認めますが、私としては、つい、「足るを知る」とか、生悟りのご隠居みたいなことを言いたくなるのです。とはいえ、忘れていました、これは「子どもの難問」に対する回答でした。子どもに向かって「足るを知る」なんて言うのは、あまりよいことではなさそうです。

3　二人からの返事

熊野純彦さんからの返事

西原理恵子《さいばら》さんに『ちくろ幼稚園』という作品があって、そのなかにこんな話があります。漫画を文章で説明するのも興ざめなものですけど、かんたんに紹介しておきます。

主人公の「りえちゃん」はある日、友だちと〃インディアンごっこ〃(その頃の言い方です)をしました。うす汚れたクマのぬいぐるみが棒に縛りつけられ、下から火が付けられます。りえちゃんと友だちは焚火をかこみ、「ほっほっほー」と踊ってはしゃぎまわりました(それって「〃インディアン〃ごっこ」か? という問題には立ちいらないでおきます)。

その晩、りえちゃんは夢をみました。枕もとにクマのぬいぐるみがあらわれて、りえちゃんにこう言うのです。「ながいあいだ　あそんでくれて　ありがとう。じゃあね　ばいばい」。クマはりえちゃんが剝ぎかけていた布団を直してあげました。――

「ぼくはいつ大人になるの?」という問いに答えて、「大人とは、遥かにとおい思いをいだく存在である」と題して答えてみた以前の文章では、「懐かしさ」ということばを最後に使っておきました。それを手がかりに今回、野矢さんが、どこからどこまでも野矢さん自身のものである思

じゃあね

西原理恵子『ちくろ幼稚園 ぜんぶ』小学館，1999 年 11 月

考、でももしかして野矢さんにはちょっと珍しいほどにパセティックな思考を展開されています。とってもおもしろかったので、ぼくのほうからもちょっとべつのことがらを付けくわえておきたいと思ったしだいです。

野矢さんは「懐かしさ」から出発して、懐かしさとは「時間に対する意識」であり、「おもちゃが懐かしいんじゃなくて、そのおもちゃで遊んだあの頃が懐かしい。そしてあの頃はもう二度と戻ってはこない」。それが「まさにかけがえのないものの喪失」である、と思考を繋げていくわけですが、「後悔」に着目すると、問題のべつの側面が見えてくるように思います。

後悔というのも（「懐かしさ」とおなじよ

うに)時間的には過去にかかわる感情です。過去は「取りかえしがつかない」わけですから、後悔するのは、ある意味で「むだ」なことですよね。むだとは分かっていても、ひとはともすると後悔に囚われる。過去は過ぎ去ってしまって、「いま」は「ない」と言われますし、ある意味そのとおりですけれども、後悔はなんだか「過ぎ去って」くれない。「ない」はずの過去がくりかえし、くりかえし「戻ってきて」しまうようなところがあります。

このことはもちろん、野矢さんが言われる、「いま」が「一瞬一瞬がかけがえのないものであり、しかも瞬時にして失われていくものだということ」と矛盾しません。むしろその裏面に貼りついたことがらでしょう。「いま」が「かけがえのないもの」であるがゆえに、そのかけがえのなさを取りのがしてしまった過去に対する悔いがある。「いま」は瞬時に流れ去って、喪われてしまうからこそ、いっぽう悔恨は「なんの役にも立たない」……。

子どもにはなくて、おとなにはあるものとして、「懐かしさ」ではなく「悔い」を挙げてみることができるかもしれません。これももちろん、『ちくろ幼稚園』の一場面を考えてみると、ひどく乱暴な言いかたですけど。ちなみに西原さんの四コマ漫画は、ひとりで原っぱにすわって、遠くをみている「りえちゃん」の後ろすがたで終わります。

田島正樹さんからの返事――大人の難問「どうしてきれいな人を好きになるの?」

「好きになるってどんなこと?」については、野矢さんが過不足なく的確な解説をしてくれましたから、私として何か付け加えるところはありません。ここでは、初めの問題とも関係するけれども、少し違う問題を論じてみましょう。それは「きれいな人を好きになる(傾向がある)のはどうして?」ということ。ちなみに、『子どもの難問』では「きれいなものはどうしてきれいなの?」という問いにも、二人の先生が答えていらっしゃいます。

思うに、「きれい」とは、何かきれいなものがそなわっていることではなく、不快なもの余計なものがないということではないか?「きれいにする」が「よごれを取る」とか「ものを片付けて整理する」といった意味を持つことからもわかります。きれいなものでも、あまりゴテゴテと飾り過ぎるときれいとは言えません。

汚物でも、死骸でも、しかるべきところにしかるべく処理されているなら、必ずしも汚いとは言えないし、尿のように衛生学的には不潔ではないものも、服に飛び散れば「汚い」ものとなります。つまり「よごれ」は半ば以上文化的(非自然的)な観念であり、文化的に区別されるべきものが混淆されること、秩序攪乱的な越境を意味するのです。年頃の娘から見ると、母親が父親以外の男といちゃつくことは、「不潔!」かもしれません。それは、その年頃の女性にとって、社会的な性秩序の掟が一段と深く内面化されているからでしょう。

さて、生活が続く限り、何の努力もなく生活がそのまま維持されることはありません。生活の中からは、絶えずゴミが出てきます。それらはたとえ衛生学的に不潔ではなくとも、絶えず我々の生活を攪乱する邪魔者です。しかしこれらの邪魔者は、もとはと言えばすべて有益なものだったのです。有益なものほどその命は短く、新品のものほどたちまち古び、そうなってはゴミになるしかありません。漬物石に使われた石は、その使用を離れても、ひょっとしたら庭石に使う道もあるかもしれませんが、動かなくなった自転車とか壊れたテレビなどは、その機能を失ったからといって庭に置くわけにはいきません。有益だった道具たちは、その使用目的がそれらの風貌に張り付いてしまっているために、その意味と役割を失うとき、ゴミになるしかない。石なら、庭に置いて島とか山に見立てることもできるかもしれません。そうして、周辺の池とか他の石との調和をはかれるのです。我々の工業生産物の多くは、それぞれに機能的意味を強く自己主張しているので、他のものと調和をはかることが難しい。

ですから、それぞれの商品がけばけばしく自らを主張しているショーウィンドウは、見方を少し変えるだけで、たちまち醜悪な無秩序に一変するでしょう。こうした有用・有益なものどもの地獄からの救済こそが、「きれい」とか「美しい」と言われるのです。とりあえず物がなければ、「きれい(さっぱり)」と言えますが、物があっても、それぞれのものが争って打ち消し合わずに、互いの調和を見出していれば、「きれい」と言ってもいいのではないか?

では、美しい人(きれいな人)に惹かれるのはなぜでしょう。性的魅力(しなやかで健康な肉付きとか豊かな乳房など)が我々を引き付けることには、格別何の不思議もありません。でも、顔の美しさは必ずしも性的魅力(だけ)ではないのに、ときにそれ以上に我々の心を奪うのはどうしてか?

交尾するために川を遡上する鮭たちは、紅い婚姻色に染まりますし、発情期に尻が赤く染まる猿もいますが、人間にはそんなしるしがありません。おそらく人間は、進化の過程で、発情期を悟らせない戦略を選んだのでしょう。そうなってみると人間は、相手の気持ちを表情から読み取るほかなくなります。そのため、人間の表情筋は劇的に発達し、複雑な表情を表現できるようになりました。特に眼の表情は重要です。私たちは子どものときから、相手の眼をじっとのぞき込んでその気持ちを理解する訓練を続けています。

北杜夫の小説(『幽霊』)で、ウラギンシジミ(シジミチョウの一種)へのあこがれとともに「黒目がちな少女」の魅力が印象的に語られる一節があります。大きい黒目の魅力は、それが欲情をほのめかしているからではないか? 人は、魅せられたり、驚いたり、興奮するとき、瞳孔を見開くものだからです。そんな「学説」は女性たちの憤慨を買うかもしれませんが、とにかく我々人間は表情に敏感であり、気持ちを眼で表現するということに反対する人はいないでしょう。

そうすると、きれいな顔、美しい顔とは何か、についての一筋の見通しが立ちます。「美しい顔」を、その特徴を列挙することで捉えるのは難しい。それは、美しい顔が、これといって特徴のない顔のことだからです。感情を表すための白紙のカンヴァスのような顔のことを、きれいと感じるのではないか？　実際、コンピュータ・グラフィックスで、百人千人と多数の顔の平均を取っていくと、次第にその民族・文化における「美しい顔」の典型に近づくことが知られています。つまり、もっとも没個性的で、つまらない顔こそが「きれいな顔」なのです！

しかし、それは表情を鮮やかに映し出すためです。『ローマの休日』のオードリー・ヘプバーンのように、喜びや怒りや悲しみが瞬間に輝く顔――そこに我々はもはや身体の部分を見ず、生《なま》の心を見る思いがします。その表情に魅せられるのです。

さて、そうなると「増《ぞう》」と呼ばれる能面の魅力などは、どうなるのでしょう？　その能面には表情はありませんし、「黒目がち」でもともとありませんが、それでもときに、そこにぞくっとするような美がともることがあります。それは、表情豊かなオードリーのような魅力ではありません。

でもそこに矛盾はない。いかに優れた女優でも、その表情には限界があります。ところが表情のない仮面は、観客が感情を投影する白紙のカンヴァスになる。何もないから、より一層自由に感情を投影できる。めったに微笑みもしない冷たい女の顔にこそ、我々はわずかばかりにほの見える感情の襞や、かすかな心の動きを読み取ろうと眼を凝らすのではないでしょうか？　表情豊かな人の顔は魅力的ですが、感情を押し隠している人の表情は神秘的です。

ドストエフスキーの描くヒロインは、ときには恥じらいから、またときには怒りや軽蔑からしょっちゅう頬をあからめますが、そんなことが普通に観察できるものでしょうか？　それでも、一見無表情な女の白い頬に、ほんのわずかの朱のきざしを我々の想像力が見つけるとき、魅惑の魔法が発動されるのだと言えるでしょう。いやあ、危ない！　危ない！

6 「土神ときつね」(宮澤賢治)を読む

国語の授業をします。

しかも、私が比較的得意としてきた論理的な文章ではなく、宮澤賢治の「土神ときつね」という短編を題材にして。うーむ、国語の先生でもないのに、無謀ですかね。どうして小説を読むという授業をしてみたくなったのか、そしてどうして「土神ときつね」なのか。ちょっとその説明からしておきましょう。

発端は、日本文学協会の二〇一五年度大会でのシンポジウムでした。提題者は、山梨県北杜市《ほくと》立長坂中学校の坂本まゆみさんと広島大学の難波博孝さんと私。そのとき坂本さんが「土神ときつね」の授業実践例を示しながらお話をされるということだったので、それじゃあ私もと、その作品を使って話をさせていただいたのでした。実は、宮澤賢治の作品は大好きで、詩も童話もけっこう読んでるつもりだったのですが、この作品は読んだことがなかったのです。(私も、という方のために、後で全文を掲載しておきましょう。)で、シンポジウムのために読んでみたら、「なんだこれ?」と思いまして、それでつい、たぶん私がそのシンポジウムに呼ばれたのは哲学者としてだと思うのですが、哲学の話は最初にちょっとだけして、そのあとは「土神ときつね」について話したんですね。国語の先生や国語教育の研究者が大勢いる前で。ずいぶんこわいもの知らずなことですが、でも、なんだかそれはとっても楽しくて、それでこうやってみなさんにもその話を披露しようと思ったわけです。どうぞしばらくおつきあいください。

私の関心は、「土神ときつね」という作品そのものにあるというよりも、むしろ小説の読み方、そして小説の読み方を教えることにあります。それを、「土神ときつね」という作品を例にして考えてみたいのです。

それとですね、私には一つ試してみたいことがあるのですよ。小説を素材にした試験問題などで、その場面での登場人物の思い・気持ちはどうだったかを問う問題があるでしょう? 授業でもそういう問いを投げかけることがありますよね。それが悪いとは言いませんけれども、私はそれとは多少異なる読み方を提案してみたいんです。人物の思いや気持ちを考える読み方を「心理分析」の読み方と呼びましょう。それに対して私が提案したいのは「相貌分析」の読み方です。具体的に「土神ときつね」にとりかかる前に、相貌分析ということで私が何を考えているのか、少し説明させてください。

　私たちはものごとをさまざまに意味づけ、価値づけて生きています。この、意味づけられ、価値づけられたものごとのあり方が、私が「相貌」と呼ぶものです。陳腐な例になりますが、ビンに飲み物が半分入った状態を、ある人は「もう半分しかない」と見ますし、またある人は「まだ半分もある」と見るでしょう。この見方の違いが、相貌の違いです。この例で分かるように、相貌は「誰にとって」の相貌なのかが問題になります。

　注意したいのは、相貌はけっして人によってまったくバラバラというわけではないということです。むしろ圧倒的に多くの相貌が共有されています。あるものが「テーブル」という相貌をもつことは(よほど不思議な形のテーブルではないかぎり)私たちの間で共有されているでしょう。同様に、テーブルの上にあるのがコーヒーカップだということも、それがごくふつうのコーヒーカップの形をしているのであれば、私たちの間で共有されています。でも、もしそれが私にとってとても思い出深いだいじなコーヒーカップだったとしたならば、私にとってのその相貌は、必ずしも他の人に共有されていません。だから、ものごとの相貌というのは、こんなふうに他人と共有される部分と共有されない部分をあわせもっているのです。

　なるべく価値判断をまじえずに事実報告をしたいときには、私たちの間で共有されている相貌だけでものごとを記述しようとします。しかし、小説はそうではありません。小説はある特定の視点からの相貌描写を多用します。しかも、それはさまざまな視点からの相貌になるでしょう。登場人物たちはそれぞれの視点からものごとを捉えるでしょうし、それだけではなく、語り手の視点もあります。さらに、語り手の視点と作者の視点が異なるということも起こりえます。あるいは、作者が読者に示そうとしている読者の視点というものもあったりするでしょう。なかなか複雑です。そんな多様な視点からの相貌がまじりあって描写されているわけです。それを解きほぐして、そこで提示されている相貌が誰にとってのどのような相貌なのかを理解すること、あるいは、自分もその相貌を見ているかのように想像し、追体験すること。それが小説を読むことに求められると思うのです。

相貌を捉えていくという読み方には登場人物の心理を捉えようとする読み方よりも利点があるのではないかと、私は考えています。ちょっと脇から話をしますが、小説を読むときに、文体とか描写の細部に目がいかないような読み方は、ものすごくもったいないと思うんですね。粗筋《あらすじ》のレベルで楽しめる小説もあるでしょうが、どんな小説でも、大なり小なりその魅力のいくばくかは粗筋を越えた文体やディテールにあります。授業でも、粗筋だけ捉えて、「このとき主人公のとった行動は正しかったのだろうか」とか考えさせる授業がもし行なわれているのだとすれば(そういう授業がけっこうあるのではないかという偏見を私はもっていますが、実情はどうなのでしょう)、それは小説を読むことを教える授業としてはまずいと思うのです。

ちょっとした書き方の違いで相貌は変わってきます。読み聞かせのときなどは語り手の声色《こわいろ》によっても相貌が変化するでしょう。相貌に注目する読み方は、文体や描写の細部を掬い取りやすい読み方だと思うのです。とくに、状況描写や情景描写の相貌なども取り上げることができますから、たんに発言や行動の描写だけに頼って人物の心理を探ろうとする読み方よりも、作者がその小説で描きたいことによりいっそう迫っていきやすいのではないでしょうか。

また、相貌というのは文脈に強く依存します。泣いている人物の写真があったとして、その前後にどのような物語をつなげるかで、その泣き顔の相貌はかなり変化します。（失恋したのかもしれない、裏切られたのかもしれない、仕事がきつすぎるのかもしれない、ドラマに感動したのかもしれない、お腹が痛いのかもしれない、等々。）相貌を捉えようとすることは、小説のディテールに目を向けさせますが、同時に、その文脈も捉え、ひいては小説全体の中でのその部分の位置づけを捉えることにつながります。

ただし、相貌分析といっても、分析しながら読むとかえって小説を読む楽しみは減ってしまいかねません。でもね、誰でも自然に小説を楽しめるようになるわけではないでしょう？　もっと小説を楽しめるようになるために、小説の読み方を学ぶことは必要です。そして、読み方を学ぶときには、ある程度分析的に読むことになります。立ち止まって、ここは誰にとってのどういう相貌なのだろうと、最初はたどたどしく考えながら読む。それがだんだん身についてくると、ごく自然にそういう読み方ができるようになってきます。だから、相貌分析というのは、実際に小説を楽しむときの読み方というよりも、小説の読み方を学ぶときのトレーニング法と言うべきかもしれません。

さて、そろそろ作品に向かっていきましょう。あまり先入観を与えない方がいいとは思うのですが、読んでもらう前にちょっと一言だけ。この小説、なかなかえぐい話なんですよ。たぶんふつうに読むと、土神が狐に嫉妬して、嫉妬のあまり狐を殺してしまう、そういう話に読めてしまうんですね。でも、そんな情痴事件として読んでいいのか、というのが、この作品を読むときの私の問題提起です。人によっては、小説をどう読むかは読者の勝手だと言う人もいるかもしれません。でも私は、もちろん読者にゆだねられる部分もあるけれども、その作品が差し出しているものをきちんと受け取ることがなによりもまず基本だと思うのです。そして「土神ときつね」の場合、たぶん「恋愛」や「嫉妬」の物語として読む人が多いように思うのですが、それは違うと考えています。「土神ときつね」をできるだけ正確に読みとっていくときに、従来の心理分析だけでなく、私が提唱する相貌分析も駆使していきたいと思います。

では、全文を掲載しますから、読んでみてください。最初はあまり立ち止まって考えこんだりしないで、ふだんのように軽い気持ちで読んでみましょう。

土神ときつね

(一)

一本木の野原の、北のはづれに、少し小高く盛りあがった所がありました。いのころぐさがいっぱいに生え、そのまん中には一本の奇麗な女の樺《かば》の木がありました。

それはそんなに大きくはありませんでしたが幹はてかてか黒く光り、枝は美しく伸びて、五月には白い花を雲のやうにつけ、秋は黄金《きん》や紅やいろいろの葉を降らせました。

ですから渡り鳥のくゎくこうや百舌《もず》も、又小さなみそさゞいや目白もみんなこの木に停《と》まりました。たゞもしも若い鷹《たか》などが来てゐるときは小さな鳥は遠くからそれを見付けて決して近くへ寄りませんでした。

この木に二人の友達がありました。一人は丁度、五百歩ばかり離れたぐちゃぐちゃの谷地《やち》の中に住んでゐる土神で一人はいつも野原の南の方からやって来る茶いろの狐《きつね》だったのです。

樺の木はどちらかと云《い》へば狐の方がすきでした。なぜなら土神の方は神といふ名こそついてはゐましたがごく乱暴で髪もぼろぼろの木綿糸の束のやう眼も赤くきものだってまるでわかめに似、いつもはだしで爪《つめ》も黒く長いのでした。ところが狐の方は大へんに上品な風で滅《めっ》多《た》に人を怒らせたり気にさはるやうなことをしなかったのです。

たゞもしよくよくこの二人をくらべて見たら土神の方は正直で狐は少し不正直だったかも知れません。

(二)

夏のはじめのある晩でした。樺には新らしい柔らかな葉がいっぱいについていゝかをりがそこら中いっぱい、空にはもう天の川がしらしらと渡り星はいちめんふるへたりゆれたり灯《とも》ったり消えたりしてゐました。

その下を狐が詩集をもって遊びに行ったのでした。仕立おろしの紺の背広を着、赤革の靴《くつ》もキッキッと鳴ったのです。

「実にしづかな晩ですねえ。」

「えゝ。」樺の木はそっと返事をしました。

「蝎《さそり》ぼしが向ふを這《は》ってゐますね。あの赤い大きなやつを昔は支那《しな》では火《くわ》と云ったんですよ。」

「火星とはちがふんでせうか。」

「火星とはちがひますよ。火星は惑星ですね、ところがあいつは立派な恒星なんです。」

「惑星、恒星ってどういふんですの。」

「惑星といふのはですね、自分で光らないやつです。つまりほかから光を受けてやっと光るやうに見えるんです。恒星の方は自分で光るやつなんです。お日さまなんかは勿論《もちろん》恒星ですね。あんなに大きくてまぶしいんですがもし途方もない遠くから見たらやっぱり小さな星に見えるんでせうね。」

「まあ、お日さまも星のうちだったんですわね。さうして見ると空にはずゐぶん沢山のお日さまが、あら、お星さまが、あらやっぱり変だわ、お日さまがあるんですね。」

狐は鷹揚《おうやう》に笑ひました。

「まあさうです。」

「お星さまにはどうしてあゝ赤いのや黄のや緑のやあるんでせうね。」

狐は又鷹揚に笑って腕を高く組みました。詩集はぷらぷらしましたがなかなかそれで落ちませんでした。

「星に橙《だいだい》や青やいろいろある訳ですか。それは斯《か》うです。全体星といふものははじめはぼんやりした雲のやうなもんだったんです。いまの空にも沢山あります。たとへばアンドロメダにもオリオンにも猟犬座にもみんなあります。猟犬座のは渦巻きです。それから環状星雲《リングネビユラ》といふのもあります。魚の口の形ですから魚口星雲《フイツシユマウスネビユラ》とも云ひますね。そんなのが今の空にも沢山あるんです。」

「まあ、あたしいつか見たいわ。魚の口の形の星だなんてまあどんなに立派でせう。」

「それは立派ですよ。僕水沢の天文台で見ましたがね。」

「まあ、あたしも見たいわ。」

「見せてあげませう。僕実は望遠鏡を独乙《ドイツ》のツァイスに注文してあるんです。来年の春までには来ますから来たらすぐ見せてあげませう。」狐は思はず斯う云ってしまひました。そしてすぐ考へたのです。あゝ僕はたった一人のお友達にまたつい偽《うそ》を云ってしまった。あゝ僕はほんたうにだめなやつだ。けれども決して悪い気で云ったんぢゃない。よろこばせようと思って云ったんだ。あとですっかり本当のことを云ってしまはう、狐はしばらくしんとしながら斯う考へてゐたのでした。樺の木はそんなことも知らないでよろこんで言ひました。

「まあうれしい。あなた本当にいつでも親切だわ。」

狐は少し悄《しよげ》気ながら答へました。

「えゝ、そして僕はあなたの為《ため》ならばほかのどんなことでもやりますよ。この詩集、ごらんなさいませんか。ハイネといふ人のですよ。翻訳ですけれども仲々よくできてるんです。」

「まあ、お借りしていゝんでせうかしら。」

「構ひませんとも。どうかゆっくりごらんなすって。ぢゃ僕もう失礼します。はてな、何か云ひ残したことがあるやうだ。」

「お星さまのいろのことですわ。」

「あゝさうさう、だけどそれは今度にしませう。僕あんまり永くお邪魔しちゃいけないから。」

「あら、いゝんですよ。」

「僕又来ますから、ぢゃさよなら。本はあげてきます。ぢゃ、さよなら。」狐はいそがしく帰って行きました。そして樺の木はその時吹いて来た南風にざわざわ葉を鳴らしながら狐の置いて行った詩集をとりあげて天の川やそらいちめんの星から来る微《かす》かなあかりにすかして頁《ページ》を繰りました。そのハイネの詩集にはロウレライやさまざま美しい歌がいっぱいにあったのです。そして樺の木は一晩中よみ続けました。たゞその野原の三時すぎ東から金牛宮《きんぎうきゆう》ののぼるころ少しとろとろしただけでした。

夜があけました。太陽がのぼりました。

草には露がきらめき花はみな力いっぱい咲きました。

その東北の方から熔《と》けた銅の汁をからだ中に被《かぶ》ったやうに朝日をいっぱいに浴びて土神がゆっくりゆっくりやって来ました。いかにも分別くささうに腕を拱《こまね》きながらゆっくりゆっくりやって来たのでした。

樺の木は何だか少し困ったやうに思ひながらそれでも青い葉をきらきらと動かして土神の

来る方を向きました。その影は草に落ちてちらちらちらちらゆれました。土神はしづかにやって来て樺の木の前に立ちました。

「樺の木さん。お早う。」

「お早うございます。」

「わしはね、どうも考へて見るとわからんことが沢山ある、なかなかわからんことが多いもんだね。」

「まあ、どんなことでございますの。」

「たとへばだね、草といふものは黒い土から出るのだがなぜから青いもんだらう。黄や白の花さへ咲くんだ。どうもわからんねえ。」

「それは草の種子が青や白をもってゐるためではないでございませうか。」

「さうだ。まあさう云へばさうだがそれでもやっぱりわからんな。たとへば秋のきのこのやうなものは種子もなし全く土の中からばかり出て行くもんだ。それにもやっぱり赤や黄いろやいろいろある、わからんねえ。」

「狐さんにでも聞いて見ましたらいかゞでございませう。」

樺の木はうっとり昨夜《ゆふべ》の星のはなしをおもってゐましたのでつい斯う云ってしまひました。

この語《ことば》を聞いて土神は俄《には》かに顔いろを変へました。そしてこぶしを握りました。

「何だ。狐？　狐が何を云ひ居《を》った。」

樺の木はおろおろ声になりました。

「何も仰《お》っしゃったんではございませんがちょっとしたらご存知かと思ひましたので。」

「狐なんぞに神が物を教はるとは一体何たることだ。えい。」

樺の木はもうすっかり恐《こは》くなってぷりぷりぷりぷりゆれました。土神は歯をきしきし嚙《か》みながら高く腕を組んでそこらをあるきまはりました。その影はまっ黒に草に落ち草も恐れて顫《ふる》へたのです。

「狐の如《ごと》きは実に世の害悪だ。たゞ一言もまことはなく卑《ひ》怯《けふ》で臆病《おくびやう》でそれに非常に妬《ねた》み深いのだ。うぬ、畜生の分際として。」

樺の木はやっと気をとり直して云ひました。

「もうあなたの方のお祭も近づきましたね。」

土神は少し顔色を和げました。

「さうぢゃ。今日は五月三日、あと六日だ」

土神はしばらく考へてゐましたが俄かに又声を暴《あら》らげました。

「しかしながら人間どもは不届だ。近頃《ちかごろ》はわしの祭にも供物一つ持って来ん、おのれ、今度わしの領分に最初に足を入れたものはきっと泥の底に引き擦り込んでやらう。」土神はまたきりきり歯噛《はが》みしました。

樺の木は折角なだめようと思って云ったことが又もや却《かへ》ってこんなことになったのでもうどうしたらいゝかわからなくなりたゞちらちらとその葉を風にゆすってゐました。土神は日光を受けてまるで燃えるやうになりながら高く腕を組みキリキリ歯噛みをしてその辺をうろうろしてゐましたが考へれば考へるほど何もかもしゃくにさはって来るらしいのでした。そしてたうとうこらへ切れなくなって、吠《ほ》えるやうにうなって荒々しく自分の谷地に帰って行ったのでした。

(三)

土神の棲《す》んでゐる所は小さな競馬場ぐらゐある、冷たい湿地で苔《こけ》やからくさやみじかい蘆《あし》などが生えてゐましたが又所々にはあざみやせいの低いひどくねぢれた楊《やなぎ》などもありました。

水がじめじめしてその表面にはあちこち赤い鉄の渋が湧《わ》きあがり見るからどろどろで気味も悪いのでした。

そのまん中の小さな島のやうになった所に丸太で拵《こしら》へた高さ一間ばかりの土神の祠《ほこら》があったのです。

土神はその島に帰って来て祠の横に長々と寝そべりました。そして黒い瘠《や》せた脚をがりがり搔《か》きました。土神は一羽の鳥が自分の頭の上をまっすぐに翔《か》けて行くのを見ました。すぐ土神は起き直って「しっ」と叫びました。鳥はびっくりしてよろよろっと落ちさうになりそれからまるではねも何もしびれたやうにだんだん低く落ちながら向ふへ遁《に》げて行きました。

土神は少し笑って起きあがりました。けれども又すぐ向ふの樺の木の立ってゐる高みの方を見るとはっと顔色を変へて棒立ちになりました。それからいかにもむしゃくしゃするといふ風にそのぼろぼろの髪毛を両手で搔きむしってゐました。

その時谷地の南の方から一人の木樵《きこり》がやって来ました。三つ森山の方へ稼《かせ》ぎに出るらしく谷地のふちに沿った細い路《みち》を大股《おほまた》に行くのでしたがやっぱり土神のことは知ってゐたと見えて時々気づかはしさうに土神の祠の方を見てゐました。けれども木樵には土神の形は見えなかったのです。

土神はそれを見るとよろこんでぱっと顔を熱《ほて》らせました。それから右手をそっちへ突き出して左手でその右手の手首をつかみこっちへ引き寄せるやうにしました。すると奇体なことは木樵はみちを歩いてゐると思ひながらだんだん谷地の中に踏み込んで来るやうでした。それからびっくりしたやうに足が早くなり顔も青ざめて口をあいて息をしました。土神は右手のこぶしをゆっくりぐるっとまはしました。すると木樵はだんだんぐるっと円くまはって歩いてゐましたがいよいよひどく周章《あわ》てだしてまるではあはあはあはあしながら何べんも同じ所をまはり出しました。何でも早く谷地から遁げて出ようとするらしいのでしたがあせってもあせっても同じ処《ところ》を廻ってゐるばかりなのです。たうとう木樵はおろおろ泣き出しました。そして両手をあげて走り出したのです。土神はいかにも嬉《うれ》しさうににやにやにやにや笑って寝そべったまゝそれを見てゐましたが間もなく木樵がすっかり逆上《のぼ》せて疲れてばたっと水の中に倒れてしまひますと、ゆっくりと立ちあがりました。そしてぐちゃぐちゃ大股にそっちへ歩いて行って倒れてゐる木樵のからだを向ふの草はらの方へぽんと投げ出しました。木樵は草の中にどしりと落ちてううんと云ひながら少し動いたやうでしたがまだ気がつきませんでした。

土神は大声に笑ひました。その声はあやしい波になって空の方へ行きました。

空へ行った声はまもなくそっちからはねかへってガサリと樺の木の処にも落ちて行きました。樺の木ははっと顔いろを変へて日光に青くすきとほりせはしくせはしくふるへました。

土神はたまらなさうに両手で髪を掻《か》きむしりながらひとりで考へました。おれのこんなに面白くないといふのは第一は狐のためだ。狐のためよりは樺の木のためだ。狐と樺の木とのためだ。けれども樺の木の方はおれは怒ってはゐないのだ。樺の木を怒らないためにおれはこんなにつらいのだ。樺の木さへどうでもよければ狐などはなほさらどうでもいゝのだ。おれはいやしいけれどもとにかく神の分際だ。それに狐のことなどを気にかけなければならいといふのは情ない。それでも気にかゝるから仕方ない。樺の木のことなどは忘れてしまへ。ところがどうしても忘れられない。今朝は青ざめて顫へたぞ。あの立派だったこと、どうしても忘られない。おれはむしゃくしゃまぎれにあんなあはれな人間などをいぢめたのだ。けれども仕方ない。誰《たれ》だってむしゃくしゃしたときは何をするかわからないのだ。

土神はひとりで切ながってばたばたしました。空を又一疋《ぴき》の鷹が翔けて行きましたが土神はこんどは何とも云はずだまってそれを見ました。

ずうっとずうっと遠くで騎兵の演習らしいパチパチパチパチパチ塩のはぜるやうな鉄砲の音が聞えました。そらから青びかりがどくどくと野原に流れて来ました。それを呑《の》んだためかさっきの草の中に投げ出された木樵はやっと気がついておづおづと起きあがりしきりにあたりを見廻しました。

それから俄かに立って一目散に遁げ出しました。三つ森山の方へまるで一目散に遁げました。

土神はそれを見て又大きな声で笑ひました。その声は又青ぞらの方まで行き途中から、バサリと樺の木の方へ落ちました。

樺の木は又はっと葉の色をかへ見えない位こまかくふるひました。

土神は自分のほこらのまはりをうろうろうろうろ何べんも歩きまはってからやっと気がし

づまったと見えてすっと形を消し融《と》けるやうにほこらの中へ入って行きました。

㈣

八月のある霧のふかい晩でした。土神は何とも云へずさびしくてそれにむしゃくしゃして仕方ないのでふらっと自分の祠を出ました。足はいつの間にかあの樺の木の方へ向ってゐたのです。本当に土神は樺の木のことを考へるとなぜか胸がどきっとするのでした。そして大へんに切なかったのです。このごろは大へんに心持が変ってよくなってゐたのです。ですからなるべく狐のことなど樺の木のことなど考へたくないと思ったのでしたがどうしてもそれがおもへて仕方ありませんでした。おれはいやしくも神ぢゃないか、一本の樺の木がおれに何のあたひがあると毎日毎日土神は繰り返して自分で自分に教へました。それでもどうしてもかなしくて仕方なかったのです。殊にちょっとでもあの狐のことを思ひ出したらまるでからだが灼《や》けるくらゐ辛《つら》かったのです。

土神はいろいろ深く考へ込みながらだんだん樺の木の近くに参りました。そのうちたうとうはっきり自分が樺の木のとこへ行かうとしてゐるのだといふことに気が付きました。すると俄かに心持がをどるやうになりました。ずゐぶんしばらく行かなかったのだからことによったら樺の木は自分を待ってゐるのかも知れない、どうもさうらしい、さうだとすれば大へんに気の毒だといふやうな考が強く土神に起って来ました。土神は草をどしどし踏み胸を踊らせながら大股にあるいて行きました。ところがその強い足なみもいつかよろよろしてしまひ土神はまるで頭から青い色のかなしみを浴びてつっ立たなければなりませんでした。それは狐が来てゐたのです。もうすっかり夜でしたが、ぼんやり月のあかりに澱《よど》んだ霧の向ふから狐の声が聞えて来るのでした。

「えゝ、もちろんさうなんです。器械的に対称《シインメトリー》の法則にばかり叶《かな》ってゐるからってそれで美しいといふわけにはいかないんです。それは死んだ美です。」

「全くさうですわ。」しづかな樺の木の声がしました。

「ほんたうの美はそんな固定した化石した模型のやうなもんぢゃないんです。対称の法則に叶ふって云ったって実は対称の精神を有《も》ってゐるといふぐらゐのことが望ましいのです。」

「ほんたうにさうだと思ひますわ。」樺の木のやさしい声が又しました。土神は今度はまるでべらべらした桃いろの火でからだ中燃されてゐるやうにおもひました。息がせかせかしてほんたうにたまらなくなりました。なにがそんなにおまへを切なくするのか、高《たか》が樺の木と狐との野原の中でのみじかい会話ではないか、そんなものに心を乱されてそれでもお前は神と云へるか、土神は自分で自分を責めました。狐が又云ひました。

「ですから、どの美学の本にもこれくらゐのことは論じてあるんです。」

「美学の方の本沢山おもちですの。」樺の木はたづねました。

「ええ、よけいもありませんがまあ日本語と英語と独乙語のなら大抵ありますね。伊太利《イタリー》のは新らしいんですがまだ来ないんです。」

「あなたのお書斎、まあどんなに立派でせうね。」

「い丶え、まるでちらばってますよ、それに研究室兼用ですからね、あっちの隅には顕微鏡こっちにはロンドンタイムス、大理石のシィザアがころがったりまるっきりごったごたです。」

「まあ、立派だわねえ、ほんたうに立派だわ。」

ふんと狐の謙遜《けんそん》のやうな自慢のやうな息の音がしてしばらくしいんとなりました。

土神はもう居ても立ってても居られませんでした。狐の言ってゐるのを聞くと全く狐の方が自分よりはえらいのでした。いやしくも神ではないかと今まで自分で自分に教へてゐたのが今度はできなくなったのです。あ丶つらいつらい、もう飛び出して行って狐を一裂きに裂いてやらうか、けれどもそんなことは夢にもおれの考へるべきことぢゃない、けれどもそのおれといふものは何だ結局狐にも劣ったもんぢゃないか、一体おれはどうすればい丶のだ、土神は胸をかきむしるやうにしてもだえました。

「いつかの望遠鏡まだ来ないんですの。」樺の木がまた言ひました。

「えゝ、いつかの望遠鏡ですか。まだ来ないんです。なかなか来ないんです。欧州航路は大分混乱してますからね。来たらすぐ持って来てお目にかけますよ。土星の環《わ》なんかそれぁ美しいんですからね。」

土神は俄《にわか》に両手で耳を押へて一目散に北の方へ走りました。だまってゐたら自分が何をするかわからないのが恐ろしくなったのです。

まるで一目散に走って行きました。息がつゞかなくなってばったり倒れたところは三つ森山の麓《ふもと》でした。

土神は頭の毛をかきむしりながら草をころげまはりました。それから大声で泣きました。その声は時でもない雷のやうに空へ行って野原中へ聞えたのです。土神は泣いて泣いて疲れてあけ方ぼんやり自分の祠に戻りました。

㈤

そのうちたうとう秋になりました。樺の木はまだまっ青でしたがその辺のいのころぐさはもうすっかり黄金いろの穂を出して風に光りところどころすゞらんの実も赤く熟しました。

あるすきとほるやうに黄金いろの秋の日土神は大へん上機嫌《じやうきげん》でした。今年の夏からのいろいろなつらい思ひが何だかぼうっとみんな立派なもやのやうなものに変って頭の上に環になってかかったやうに思ひました。そしてもうあの不思議に意地の悪い性質もどこかへ行ってしまって樺の木なども狐と話したいなら話すがいゝ、両方ともうれしくてはなすのならほんたうにいゝことなんだ、今日はそのことを樺の木に云ってやらうと思ひながら土神は心も軽く樺の木の方へ歩いて行きました。

樺の木は遠くからそれを見てゐました。

そしてやっぱり心配さうにぶるぶるふるへて待ちました。

土神は進んで行って気軽に挨拶《あいさつ》しました。

「樺の木さん。お早う。実にいゝ天気だな。」

「お早うございます。いゝお天気でございます。」

「天道《てんたう》といふものはありがたいもんだ。春は赤く夏は白く秋は黄いろく、秋が黄いろになると葡萄《ぶだう》は紫になる。実にありがたいもんだ。」

「全くでございます。」

「わしはな、今日は大へんに気ぶんがいゝんだ。今年の夏から実にいろいろつらい目にあったのだがやっと今朝からにはかに心持ちが軽くなった。」

樺の木は返事しようとしましたがなぜかそれが非常に重苦しいことのやうに思はれて返事しかねました。

「わしはいまなら誰のためにでも命をやる。みみずが死ななけぁならんならそれにもわしはかはってやってい丶のだ。」土神は遠くの青いそらを見て云ひました。その眼も黒く立派でした。

樺の木は又何とか返事しようとしましたがやっぱり何か大へん重苦しくてわづか吐息をつくばかりでした。

そのときです。狐がやって来たのです。

狐は土神の居るのを見るとはっと顔いろを変へました。けれども戻るわけにも行かず少しふるへながら樺の木の前に進んで来ました。

「樺の木さん、お早う、そちらに居られるのは土神ですね。」狐は赤革の靴をはき茶いろのレーンコートを着てまだ夏帽子をかぶりながら斯う云ひました。

「わしは土神だ。い丶天気だ。な。」土神はほんたうに明るい心持で斯う言ひました。狐は嫉《ねた》ましさに顔を青くしながら樺の木に言ひました。

「お客さまのお出《い》での所にあがって失礼いたしました。これはこの間お約束した本です。それから望遠鏡はいつかはれた晩にお目にかけます。さよなら。」

「まあ、ありがたうございます。」と樺の木が言ってゐるうちに狐はもう土神に挨拶もしないでさっさと戻りはじめました。樺の木はさっと青くなってまた小さくぷりぷり顫ひました。

土神はしばらくの間たゞぼんやりと狐を見送って立ってゐましたがふと狐の赤革の靴のキラッと草に光るのにびっくりして我に返ったと思ひましたら俄かに頭がぐらっとしました。狐がいかにも意地をはったやうに肩をいからせてぐんぐん向ふへ歩いてゐるのです。土神はむらむらっと怒りました。顔も物凄《ものすご》くまっ黒に変ったのです。美学の本だの望遠鏡だのと、畜生、さあ、どうするか見ろ、といきなり狐のあとを追ひかけました。樺の木はあわてて枝が一ぺんにがたがたふるへ、狐もそのけはひにどうかしたのかと思って何気なくうしろを見ましたら土神がまるで黒くなって嵐《あらし》のやうに追って来るのでした。さあ狐はさっと顔いろを変へ口もまがり風のやうに走って遁げ出しました。

土神はまるでそこら中の草がまっ白な火になって燃えてゐるやうに思ひました。青く光ってゐたそらさへ俄かにガランとまっ暗な穴になってその底では赤い焔《ほのほ》がどうどう音を立てて燃えると思ったのです。

二人はごうごう鳴って汽車のやうに走りました。

「もうおしまひだ、もうおしまひだ、望遠鏡、望遠鏡、望遠鏡」と狐は一心に頭の隅《すみ》のとこで考へながら夢のやうに走ってゐました。

向ふに小さな赤剝《あかは》げの丘がありました。狐はその下の円い穴にはひらうとしてくるっと一つまはりました。それから首を低くしていきなり中へ飛び込まうとして後あしをちらっとあげたときもう土神はうしろからばっと飛びかかってゐました。と思ふと狐はもう土神にからだをねぢられて口を尖《とが》らして少し笑ったやうになったまゝぐんにゃりと土神の手の上に首を垂れてゐたのです。

土神はいきなり狐を地べたに投げつけてぐちゃぐちゃ四五へん踏みつけました。

それからいきなり狐の穴の中にとび込んで行きました。中はがらんとして暗くたゞ赤土が奇麗に堅められてゐるばかりでした。土神は大きく口をまげてあけながら少し変な気がして外へ出て来ました。

それからぐったり横になってゐる狐の屍骸《しがい》のレーンコートのかくしの中に手を入れて見ました。そのかくしの中には茶いろなかもがやの穂が二本はひって居ました。土神はさっきからあいてゐた口をそのまゝまるで途方もない声で泣き出しました。

その泪《なみだ》は雨のやうに狐に降り狐はいよいよ首をぐんにゃりとしてうすら笑ったやうになって死んで居たのです。

全体は五つの部分から成っています。㈣まではとくに引っかかるところもなく読み進むのではないでしょうか。しかし、㈤で話は急展開します。いくつか「あれ?」とか「どうして?」と思うところがあるんじゃないかな。私が気がついたところをいくつか挙げてみましょう。

①まず、あれほど嫉妬の心に悩まされていた土神が晴れやかな気持ちになっています。何があったのでしょうか。

②次に、土神と樺の木がいるところに狐がやってきます。そして土神に挨拶された狐は「嫉ましさに顔を青く」します。なぜでしょう。樺の木に好かれているのは狐の方で、狐はいままで嫉妬される側でした。それがどうしてここでは土神を嫉妬しているのでしょうか。

③そのあと、立ち去っていく狐を見て、土神はいきなり怒り出しますが、これも、どうしてでしょう。

④そして最後の場面、狐のコートのかくし(ポケットですね)、そこに二本のかもがやの穂が見つかる。すると、土神は号泣し始めます。いったいこのかもがやの穂は何なのでしょう。なぜそれを見て土神は泣き出したのでしょうか。

あなたはいま挙げた疑問にいくつ答えられますか?

とくにつっかかることなく読んできて、しかもいまの疑問にも答えられる人、かなり小説を読むのが得意な人だと思います。それに対して、いまの疑問を感じることなく読んできて、いざ問われてみると答えられないという人、まだ十分に小説を楽しめていないんじゃないかな。もっともっと小説を楽しく読めるようになるはずです。そのためには、小説の読み方を教わり、練習する必要があります。練習するときは分析しながら読むことになるので、その小説を心から楽しいとは思えないかもしれません。でも、そのトレーニングを重ねることで、より小説を楽しめるようになるはずです。

それでは、こんどはもっと注意深く、読み直してみましょう。そうですね、㈤のところからやりましょうか。ここで土神はとても上機嫌で、「今年の夏から実にいろいろつらい目にあったのだがやっと今朝からにはかに心持ちが軽くなった」と言います。さらには「わしはいまなら誰のためにでも命をやる」とまで言う。まるで悟った坊さんのようです。（いや、神様に向かって坊さんのようだってのはないですね。）

土神に何があったのでしょう。その間のことは書かれていないので、分かりません。ひとつの読み方は、これは口先だけで、土神は何も変わっていない。相変わらず樺の木への恋情と狐への嫉妬に懊悩《おうのう》しているのだ、というものでしょう。そう考えると、そのあとの土神の豹変ぶりも理解しやすくなります。でも、私はそうは読みたくないんですね。なぜって、そうは書いてないからです。「あるすきとほるやうに黄金いろの秋の日」とあります。これはまさに土神が見ていたその日の相貌でしょう。土神の目にはものごとが透き通って黄金色に見えていたのです。また、土神が悟ったようなことを言ったときには、「土神は遠くの青いそらを見て云ひました。その眼も黒く立派でした」と書かれています。これは誰が見た土神の姿でしょうか。樺の木はそんなふうに土神を見てはいません。黒く立派な眼をして空を見ているというのは、読者に向けて提示された土神の姿でしょう。作者は、このときの土神をこのように見てほしいと思っているんですね。だから、このあたりの土神は本当に晴れやかな気持ちでものごとを捉えているのであって、ここでは嫉妬の気持ちは顔を出していないと読むべきだと思うのです。

でも、あれほど激しい嫉妬心がどうして消えうせたのか、そんなことってあるのだろうか、そう思うかもしれません。私もそこはまだ少しいぶかしく思います。でも、㈣の最後で、土神は嫉妬心に苛《さいな》まれて慟哭《どうこく》します。「泣いて泣いて疲れてあけ方ぼんやり自分の祠に戻りました」とあります。こんなふうに、嫉妬の激しさが極まることによってむしろ浄化されていくということはありうるかもしれません。少なくとも、㈣の最後をこのように終えて㈤につないでいる書き方は、そのような浄化の過程を土神がくぐり抜けた可能性を感じさせるものでしょう。

まあ、土神にどんな浄化の過程があったのかは、書かれていませんから、詮索しなくともよいでしょう。とにかく、ここは作者が(どうでもいいことを言いますが、私はこういうときに作者を「賢治」のように下の名前で呼ぶのがちょっと気恥ずかしいのです。私、文学畑の人間じゃないですからね。いや、ほんとにどうでもいいことでした)、で、作者が読者にこう見てほしいと書いている通りに素直に土神の様子を受け取ればよいわけです。変に深読みして「土神は口では

ああ言ってるけど、実は……」なんて考えないで、例えば土神が狐に挨拶する場面で、

「いゝい天気だ。な。」土神はほんたうに明るい心持で斯う言ひました。

と書いてあれば、そのまま受け取りましょう。土神はこのときほんとうに明るい心持ちだったのです。しかし、それは読者が見るべき土神の相貌で、樺の木にはそうは見えていません。たぶん、いつものように苦手な相手として、それが今日は妙に晴れ晴れとしているのでむしろ逆にそんな土神に怯えてさえいる、そんな見え方をしていたのではないでしょうか。

では、狐には土神はどう見えていたのでしょう。さあ、ここはけっこう肝心なところです。こう書いてあります。

狐は嫉ましさに顔を青くしながら樺の木に言ひました。

いままでは嫉妬の目で見ていたのは土神の方です。ところが、ここではそれが逆転しています。土神は嫉妬の目で見ていない。逆に狐の方が嫉ましさで顔を青くしている。でも、別に樺の木は土神に好意的な目を向けてはいないんですよね。だから、狐が焼きもちを焼くような場面は描写

されていない。なのに、なぜでしょう。

この箇所はさしあたり謎です。こんなふうに謎が投げ出されると、あとの読み方が変わります。つまり、その謎が解けるように読もうとします。ちょうどジグソーパズルの一つのピースが手渡されたようなものです。「このピースがうまく収まるように、全体の絵を描きなさい」、作者にそうささやかれているんです。

もっと読み進めていかないと、絵柄全体は見えてきませんが、手渡された断片の前後を見てみましょう。何かヒントはないでしょうか。もしかしたら、狐の目には土神と樺の木が仲よくしているように見えたのかもしれませんが、そういうことは一言も書いてありません。「行間を読むのだ」とか言って書いてないことを想像するのは、書いてあることを丹念に読みとってからにしましょう。

いま引用した箇所の直前に書かれているのは土神の挨拶です。そして土神がそれをほんとうに明るい気持ちで言っているということです。これが狐の目にもそう見えたと読むのは、素直な読み方です。素直に読んでみましょう。狐の目にも、土神は晴れやかに見えた。あるいはもう少し遡って、土神を「その眼も黒く立派でした」と描写しているところに注意しましょう。これをさっきは作者が読者に提示した土神の姿だと言いましたが、いまの素直な読み方に従うと、この土神の姿は狐が見た相貌でもあるでしょう。狐には、そのときの土神が立派に見えていたのではないでしょうか。それが、狐の嫉妬を引き起こす。しかも、顔が青ざめるほどに。手渡されたピースがうまく収まるべき絵柄はまだ見えてきませんが、少しヒントがつかめたかもしれません。先を読み進めることにしましょう。

いまの場面で狐は土神に嫉妬しましたが、土神はそんな狐の嫉妬心には気づいていないようです。そそくさと帰っていく狐に対して「なんでもう帰っちゃうんだろう」ぐらいにしか感じていません。ところがそのすぐあとに転回点が用意されます。注意深く読んでいきましょう。

土神はしばらくの間たゞぼんやりと狐を見送って立ってゐましたがふと狐の赤革の靴のキラッと草に光るのにびっくりして我に返ったと思ひましたら俄かに頭がぐらっとしました。

ここで読者にも、この「狐の赤革の靴のキラッと草に光る」光景を見てほしいのです。土神の視点から、です。土神の目には、これがどのような相貌に見えたのでしょう。作者は、次に土神の見たその狐の相貌を描写しています。

狐がいかにも意地をはったやうに肩をいからせてぐんぐん向ふへ歩いてゐるのです。

これが、土神が見た狐の後ろ姿の様子です。ここで、これ以前に土神は狐のことをどう捉えていたかを振り返っておきましょう。㈡のところで、土神は狐に対してこう述べています。

狐の如きは実に世の害悪だ。たゞ一言もまことはなく卑怯で臆病でそれに非常に妬み深いのだ。うぬ、畜生の分際として。

これは土神が樺の木に対して言った言葉ですから、大げさに狐を悪く言っている可能性はあります。でも、それを割り引いたとしても、土神が狐を嘘つきと見ていることは確かでしょう。㈣では、狐と樺の木が話しているのを土神が盗み聞きする場面で、こう書かれています。

狐の言ってゐるのを聞くと全く狐の方が自分よりはえらいのでした。いやしくも神ではないかと今まで自分で自分に教へてゐたのが今度はできなくなったのです。あゝつらいつらい、もう飛び出して行って狐を一裂きに裂いてやらうか、けれどもそんなことは夢にもおれの考へるべきことぢゃない、けれどもそのおれといふものは何だ結局狐にも劣ったもんぢゃないか、一体おれはどうすればいゝのだ、土神は胸をかきむしるやうにしてもだえました。

土神は、狐の「えらさ」が狐の虚の姿であると知っています。おそらく最初は「狐め、またあんな嘘を並べ立てやがって」と思ったに違いありません。しかし、しだいに土神は狐の嘘に巻き込まれていきます。いまの引用の後半では、土神はもうすっかり自分の方が狐より劣っているという気持ちになっているような感じです。ここは、狐の虚の側面が物語全体を通して最も強い力で土神に立ち現われているところだと言えるでしょう。この場面で㈣が終わり、問題の㈤に入っていくわけです。

さあ、もう一度、去っていく狐の赤革の靴がキラッと光る光景を土神の目で見ましょう。その直前では土神は晴れやかな気持ちになっていました。嫉妬の気持ちにも悩まされてはいません。ところがそこで狐の赤革の靴が目に入ります。それは、土神にとって狐の「虚」の側面だったのではないでしょうか。わざわざ作者が赤い色の革靴などという小道具をあつらえた理由が分かるような気がしませんか？　想像してみてください。緑の草むらの中で、赤い革靴が光を受けて目に入ってくるのです。

それは土神には、狐が身にまとった虚飾の象徴のように見えたに違いありません。そうなると、狐の虚の側面が次々と現われてきます。「美学の本だの望遠鏡だのと、畜生」という言葉も、赤革の靴に触発されて出てきた狐の虚の側面です。狐が逃げていくときに「望遠鏡、望遠鏡、望遠鏡」と心の中で呟きますが、なんで望遠鏡なんて呟きながら逃げるんだと違和感をもったかもしれません。でも、狐は狐で、自分の虚の姿が土神を怒らせているという自覚があるのでしょう。「望遠鏡」はまさしく狐の虚栄です。ここで逃げているのは虚の狐なのです。おそらく、「夢のやうに走ってゐました」というちょっと不思議な書き方も、虚の狐が走っている姿を示しているように思われます。

そして土神は住みかの穴に飛び込もうとした狐をつかまえて、殺してしまう。しかも、「地べたに投げつけてぐちゃぐちゃ四五へん踏みつけ」るんですからね。私なんぞ、ここを読んで「あらら」と思いましたよ。なにも殺さなくたって、しかもぐちゃぐちゃ四五へん踏みつけなくたっていいじゃないですか。ねえ。

まあ、済んでしまったことは仕方がありません。

さて。いよいよこの物語の最大の謎を迎えます。

それからいきなり狐の穴の中にとび込んで行きました。中はがらんとして暗くたゞ赤土が奇麗に堅められてゐるばかりでした。土神は大きく口をまげてあけながら少し変な気がして外へ出て来ました。

それからぐったり横になってゐる狐の屍骸のレーンコートのかくしの中に手を入れて見ました。そのかくしの中には茶いろなかもがやの穂が二本はひって居ました。土神はさっきからあいてゐた口をそのまゝまるで途方もない声で泣き出しました。

このかもがやの穂を土神の視点から土神が見たのと同じ相貌で、あなたは見ることができるでしょうか。できないという人は、まだこの小説が味わいきれていないということです。かもがやのことなんか気にもしなかったという人、料理人が精魂込めて作った繊細な料理をガハガハ食べちゃったみたいなもんですね。もっとよく味わいましょう。

ちなみに、かもがやの穂というのは、こんなです。

『世界大百科事典』平凡社より

どこにでもあるふつうの草だと思ってよいでしょう。とくに珍しいものでもありません。狐のコートの内ポケットから、なんのへんてつもないものが出てきた。おそらくなんのへんてつもないありふれたものというところがだいじなのでしょう。そんなかもがやの穂が、二本。

ここで求められているのは、解釈ではありません。このかもがやの穂は何を意味するのか、解釈しなさいと言っているのではないのです。読み方を教えるときには、どうしても言葉で説明しますが、実際に楽しみで読むときには別に言葉にしなくてもかまいません。土神が見たのと同じ相貌であなたもかもがやの穂を見ることができるか、ということです。他人がどういう相貌で見ているかなんて分かりゃしないなんて言わないでください。私たちには他人が生きている物語を想像する力があります。物語を共有すれば、同じ相貌で見えてきます。少なくとも、そこに近づこうとすることはできます。

たんにかもがやの穂の絵だけ見ていても、土神が見た相貌は見えてきません。ここまでの物語を土神の視点からもう一度辿りましょう。まず土神はとても晴れやかな気持ちでいました。ところがそそくさと帰る狐の姿、とくにその赤革の靴で、そこに狐の虚の姿を見てしまう。そして狐を追いかけて殺害する。それから狐の穴に入ってみると、がらんとして何もない。ポケットを探るとかもがやの穂。

赤革の靴が狐の虚の側面の相貌をもっていたのに対して、このがらんとした穴の中やなんのへんてつもないかもがやの穂は、狐の実の側面の相貌をもっているのではないでしょうか。美学の本もない、顕微鏡もロンドンタイムスも大理石のシィザアもない、ただの狐の穴。そしてなんのへんてつもないありふれた草。

これを嫉妬による殺害として、つまり一つの情痴事件として読むことができるでしょうか。解釈は読者にゆだねられているのだから、どう読もうと勝手だ、という意見の人がいるかもしれません。しかし、そりゃあ最後の最後は読者にゆだねられるでしょうが、最初っからどう読もうと読者の勝手だということにはなりません。そして私はこの物語を情痴事件として読むことはまちがっていると思うのです。第一に、情痴事件として読んでしまうと、かもがやの穂を含むこの最後の場面が理解できないでしょう。それから、思い出してください。土神が怒り始めたのは、狐が帰る姿を見たときです。狐と樺の木が親しそうにしているのを見たならば、嫉妬が沸き起こりもするでしょうが、帰っていく狐の姿を見て嫉妬心が沸き起こるというのは、理解しがたいことです。

では、どうして土神は狐に対して怒りがこみあげてきたのでしょう。土神が見たのは狐の虚の姿です。それが赦《ゆる》せなかった。狐が嘘をついて樺の木の歓心を買っていた、そのことが赦せなかったんじゃないでしょうか。樺の木は土神にとって誰よりも大切な相手です。それを騙しているということが赦せなかった。ここで土神が「神」であるという点も関係してくるかもしれません。神は赦す存在であり、また赦さずに罰する存在でもあるからです。

ここまで進んでくると、前に手渡されていたジグソーパズルのピースがうまくはまるようになっているのに気がつきます。晴れ晴れとした気持ちで樺の木に会いに来た土神を見て、狐の方が土神に嫉妬します。どうしてでしょう。狐は土神の何に嫉妬したのでしょうか。ここでは狐の視点から土神を見てみることが必要になります。狐にはこのときの土神はどう見えたのか。このときの土神に現われていた虚のない晴れやかさ、それこそが狐の嫉妬の対象だったに違いありません。これは恋愛感情からくる嫉妬心ではありません。虚と実に分裂している狐が、いい天気を「いい天気だ。な」とまっすぐに言える土神に嫉妬しているんです。

土神は狐が帰っていく姿に、そんな狐の虚の相貌を見てしまいます。そして追いかけて殺してしまう。でも、殺した結果が、何もない穴と二本のかもがやの穂です。それは狐の実の姿にほかなりません。

それを見て、あなたが土神だったら、どうするでしょう。ひとつの反応は、狐の化けの皮を剥いでやったと勝どきをあげることでしょうね。でも、土神の反応はそうではありませんでした。彼は途方もない声で泣き出します。さらに、物語の最後はこう締めくくられています。

その泪は雨のやうに狐に降り狐はいよいよ首をぐんにゃりとしてうすら笑ったやうになって死んで居たのです。

この「うすら笑ったよう」な死に顔は何を意味しているのでしょう。これは土神に成敗された者の死に顔には思えません。

これが、「土神ときつね」の最後の謎です。読者は、必ずしもこの謎を解いて説明してみせる必要はないと、私は思います。でも、説明はしなくとも、この最後の描写が納得できないのでは、けっきょくこの物語をきちんと受け止めたことにはならないでしょう。うまく言えなくてもいいから、「やっぱり土神はここで泣くところだよね」と腑に落ちてほしい。さらには、「狐のうすら笑ったような死に顔も感じ出てるなあ」と思えてほしいのです。それでこそ、宮澤賢治が投げてよこした球をしっかり受け止めた喜びがあるというものです。

私もうまくは言えませんが（この、うまく言えないところが「余韻」というものなのでしょうね）、ピンとこないという人のために、少し説明を試みてみましょう。

最後に土神は死んだ狐に何を見たのでしょう。私は、狐がまとっていた虚飾が狐の弱さという実の側面の現われだったということ、言い換えれば、虚も実もそんな区別はないじゃないかということだったのではないかと思うのです。少し物語の場面をさかのぼりましょう。㈡で、狐は樺の木に「望遠鏡を注文してあるんです」と嘘をついたあとでこんなふうに考えています。

あゝ僕はほんたうにだめなやつだ。けれども決して悪い気で云ったんぢゃない。よろこばせようと思って云ったんだ。

狐の嘘は、樺の木を喜ばせたいという実の気持ちから出ているのです。このあたり、作者は読者に「狐もそんなに悪いやつじゃないんだな」という印象を与えようとしていると言えるでしょう。でも、土神にはそんな狐のありようは分かっていません。それが、最後にかもがやの穂を目にすることで、一気に土神のまなざしは読者のまなざしと重なります。彼は狐の虚を赦すことができなかった。だけど、狐の虚は狐の弱さという実と別のものではなかったのです。それを赦すことができなかった自分を後悔して、土神は泣きます。その涙は、いまや実も虚も一緒になった狐を受け入れた涙でしょう。

そうすると、最後に狐がうすら笑ったような死に顔を見せることも、なんとなく分かるような気がしてきませんか？　このうすら笑いは、誰が見た相貌なのでしょうか。土神は大泣きしていて、狐のことは見ていません。もちろん樺の木でもない。それは作者の視線以外にないでしょう。ここで、この物語世界に対する作者の位置が示唆されています。宮澤賢治は、この物語を悲劇のようにして終わらせてはいません。悲劇だったらもっと悲愴な表情になるでしょう。「うすら笑ったように」というのはけっして満足の笑みではありませんが、しかし、恐怖や悲しみの表情でもない。それは、土神の慟哭を受け入れた上での苦笑いのような表情ではないでしょうか。「気がついただけましだけどさ、遅いよ」とでも言いたげに。

「土神ときつね」は、宮澤賢治が死んだ翌年(一九三四年)に発表されました。私にはそのことが、なんだかこのラストシーンと重なるのです。

おわりに

本書全体のあとがきというのではなく、「おまけ」ということで、前半の書評について少し書いてみたい。ときどき新聞の書評ってどんなふうに作業が進められるのか尋ねられることがある。もしかしたら読者もそんな興味をおもちになるかもしれない。

二〇一七年四月から二〇一九年三月まで朝日新聞の書評委員を担当した。月に二回、築地にある朝日新聞社に行く。部屋に入ると弁当が並んでいる。でもそれはあと。カバンを置いて別の部屋に行く。百冊前後の本が並んでいる。書評委員が推薦したものもあるが、ほとんどは担当の記者の方たちが選んだものである。その中から読んでみたい本を選ぶ。リストに印をつけて渡し、さっきの部屋に戻って、さて、弁当を開ける。うむ。

弁当を食べていると各委員が何を選んだかが一覧になって出てくる。それを順番に検討して、読む人を決めていく。希望者が複数のときは話し合って決める。たくさん持ち帰る人もいれば、精選して持っていく人もいる。私はだいたい三、四冊ぐらいを持ち帰っていたかな。

持ち帰ったからといって書評するとはかぎらない。読んでみて、書評するかどうかを決める。全部読み通して、それでも書評しないことにした本もたくさんある。私が書評しようと決めるのはたいていの場合、読み進めている途中から、いわば本の声が聞こえてくるのだ。こんなふうに書いてよ。ここのところを取り上げてお書きなさいな。ほら、こんな言葉がいいんじゃない？　私は記憶力が弱いので、読み終えたらなるべく早く書評を書くことにしている。読み終えてもまだ核心が捉えられていないと感じたときにはもう一度見返して、ときには、読んでいてここぞと思われた箇所や思いついたことをパソコンに打ち込んだりして、それを見ながら書評のイメージをつかむ。そして執筆にかかる前には近所を散歩してイメージをまとめる。

最初はあまり字数を気にしないで書く。書き始めればわりと早い。逆に言えば、言葉がかってに出てきてくれる状態にまで自分を持ち上げておかなければいけない。だから、執筆そのものにはあまり苦労しない。むしろとても楽しい作業である。朝日新聞の書評は四〇〇字、八〇〇字、一一〇〇字の三種類があるが、そのどれにするかは自分で決めて、その字数に合わせるように推敲する。ここでけっこう手間取ったりする。

私の任期中は他の委員の方たちがかなり勤勉だったので、たくさんの原稿が集まり、書いたはいいけれど掲載までだいぶ待たされるということもあった。待っている間に他紙にその本の書評が載ったりすると先を越されたと、気が気じゃない。私の住んでいる近所の書店は書評を貼りだしてくれるので、それを読ませていただいて、たいへん僭越ながら、「あ、オレの勝ち」とか思ったものである。「負けた」と思ったのは一度だけかな。いや、お聞き苦しいことを口走ってしまった。ご寛恕のほどを。

話を朝日新聞社での書評委員会の場に戻そう。誰がどの本を持ち帰るかが決まると、今度はこれまで持ち帰った本を書評するか手放すかをめいめいが報告する。ある人が手放した本をまた誰かが持っていくということもある。私が書評した本のうちの何冊かは、前の人が手放した本を私が引き取ったものである。自分はいまひとつ合わなかったけれど、他の人なら書評できるかもしれないと思われる本は、そんなふうにコメントして誰かやりませんかと誘う……という場のはずなのだが、人によってはダメな本を読んでしまって憤懣《ふんまん》やるかたないとばかりにうっぷん晴らしをなさる。例えば原武史さんがそうだった。そしてそれがめっぽう面白かったりするのだから、たちが悪い。これはなんというか、紙面には出てこない「裏書評」とでも言うべきものだろう。ダメ出しコメント特集をやるといいなどと発言したのは斎藤美奈子さんであったか。

書評委員会でわいわいやっていると、いきおい、書評を書くときにも他の書評委員のことが気にかかってくる。私と違って書評の手練《てだ》れたちが何人もいる。ふふふ、見てなさいよ。ちょっと驚かせてやるからねと、あらぬ色気を出したりもする。だけど、こうしてそれを本にして世に出そうとするいまは、ただひたすら、読者のめがねにかなうことを祈るばかりである。どうか、本書を読んでダメ出しのうっぷん晴らしをしたくなったりしませんように。

二〇一九年六月

野矢茂樹

本書で取り上げた本（掲載順）

寮美千子『あふれでたのはやさしさだった』西日本出版社、二〇一八年一二月
三谷尚澄『哲学しててもいいですか？』ナカニシヤ出版、二〇一七年三月
広瀬友紀『ちいさい言語学者の冒険』岩波科学ライブラリー、二〇一七年三月
國分功一郎『中動態の世界』医学書院、二〇一七年四月
山本一成『人工知能はどのようにして「名人」を超えたのか？』ダイヤモンド社、二〇一七年五月
手島純編著『通信制高校のすべて』彩流社、二〇一七年五月
佐藤直樹『無くならない』晶文社、二〇一七年五月
木村俊介『インタビュー』ミシマ社、二〇一七年六月
三浦しをん『ぐるぐる♡博物館』実業之日本社、二〇一七年六月
譽田亜紀子『土偶界へようこそ』山川出版社、二〇一七年六月
山内志朗『湯殿山の哲学』ぷねうま舎、二〇一七年七月
清水真木『新・風景論』筑摩選書、二〇一七年八月
九螺ささら『神様の住所』朝日出版社、二〇一八年六月
上村佳孝『昆虫の交尾は、味わい深い…。』岩波科学ライブラリー、二〇一七年八月
井手英策、宇野重規、坂井豊貴、松沢裕作『大人のための社会科』有斐閣、二〇一七年九月
佐藤雅彦『新しい分かり方』中央公論新社、二〇一七年九月

川上弘美『森へ行きましょう』日本経済新聞出版社、二〇一七年一〇月
飯田隆『新哲学対話』筑摩書房、二〇一七年一一月
安田浩一『学校では教えてくれない差別と排除の話』皓星社、二〇一七年一〇月
信原幸弘『情動の哲学入門』勁草書房、二〇一七年一一月
此元和津也『セトウツミ』全八巻、秋田書店、二〇一三―一七年
こうの史代『ギガタウン　漫符図譜』朝日新聞出版、二〇一八年一月
ロバート・ムーア『トレイルズ「道」と歩くことの哲学』岩崎晋也訳、エイアンドエフ、二〇一八年一月
望月昭秀『縄文人に相談だ』国書刊行会、二〇一八年一月
新井紀子『AI vs. 教科書が読めない子どもたち』東洋経済新報社、二〇一八年二月
メアリー・アン・カウズ『名画の中の料理』富原まさ江訳、エクスナレッジ、二〇一八年三月
岡原功祐『Ibasyo』工作舎、二〇一八年三月
東江一紀『ねみみにみみず』越前敏弥編、作品社、二〇一八年四月
山本譲司『刑務所しか居場所がない人たち』大月書店、二〇一八年五月
古田徹也『言葉の魂の哲学』講談社選書メチエ、二〇一八年四月
箭内匡『イメージの人類学』せりか書房、二〇一八年四月
津村記久子『ディス・イズ・ザ・デイ』朝日新聞出版、二〇一八年六月
野家啓一『はざまの哲学』青土社、二〇一八年六月
石川初『思考としてのランドスケープ　地上学への誘い』LIXIL出版、二〇一八年七月
永野三智『みな、やっとの思いで坂をのぼる』ころから、二〇一八年九月
魚柄仁之助『食育のウソとホント』こぶし書房、二〇一八年九月

梶谷真司『考えるとはどういうことか』幻冬舎新書、二〇一八年九月
山野辺太郎『いつか深い穴に落ちるまで』河出書房新社、二〇一八年一一月
ピーター・ゴドフリー゠スミス『タコの心身問題』夏目大訳、みすず書房、二〇一八年一一月
井崎正敏『考えるための日本語入門』三省堂、二〇一八年一一月
小嶋独観『奉納百景』駒草出版、二〇一八年一二月
トーマス・ギロビッチ、リー・ロス『その部屋のなかで最も賢い人』小野木明恵訳、青土社、二〇一九年一月
ギャヴィン・フランシス『人体の冒険者たち』鎌田彷月訳、原井宏明監修、みすず書房、二〇一八年七月
千早茜『わるい食べもの』ホーム社、二〇一八年一二月
郡司ペギオ幸夫『天然知能』講談社選書メチエ、二〇一九年一月
最相葉月、増﨑英明『胎児のはなし』ミシマ社、二〇一九年二月
木ノ戸昌幸『まともがゆれる』朝日出版社、二〇一九年一月
ヒュー・ロフティング『ドリトル先生物語』全一三巻、井伏鱒二訳、岩波少年文庫、二〇〇〇年
九井諒子『ダンジョン飯1』KADOKAWA、二〇一五年一月
宮沢賢治『風の又三郎』講談社青い鳥文庫、二〇〇八年一〇月
川上弘美『七夜物語』全三巻、朝日文庫、二〇一五年五月
新村出編『広辞苑』第六版、岩波書店、二〇〇八年一月
寺澤盾『英単語の世界』中公新書、二〇一六年一一月
野矢茂樹編著『子どもの難問』中央公論新社、二〇一三年一一月
宮澤賢治「土神ときつね」『宮沢賢治全集6』ちくま文庫、一九八六年五月

初出一覧

Ⅰ　もっと広く！――小説もある、哲学書もある、マンガもある

1　書評という小さな世界――朝日新聞読書欄、二〇一七年四月九日―二〇一九年三月三〇日、なお「刑務所で奇跡が起こった」は、同「売れてる本」二〇一九年七月二〇日

2　大人のファンタジー――朝日新聞読書欄「ひもとく　大人のファンタジー」二〇一八年九月二二日

3　辞書には何が書いてあるか――「図書」八二八号、岩波書店、二〇一八年一月号

Ⅱ　もっと深く！――新しい世界が広がる

4　『英単語の世界』を読む――「言語　情報　テクスト　東京大学大学院総合文化研究科言語情報科学専攻紀要」第二四巻、二〇一七年一二月

5　『子どもの難問』を読む――書き下ろし

6　「土神ときつね」を読む――書き下ろし

野矢茂樹
1954年(昭和29年)東京都に生まれる．85年東京大学大学院博士課程修了．東京大学大学院教授などを経て，現在，立正大学文学部哲学科教授．専攻は哲学．
著書に『哲学の謎』『無限論の教室』(講談社現代新書)，『入門！ 論理学』(中公新書)，『新版 論理トレーニング』『論理トレーニング101題』(産業図書)，『哲学な日々』『心という難問――空間・身体・意味』(講談社)，『増補版 大人のための国語ゼミ』(筑摩書房)，『まったくゼロからの論理学』(岩波書店)，『はじめて考えるときのように』(PHP文庫)，『ウィトゲンシュタイン『論理哲学論考』を読む』(ちくま学芸文庫)，『心と他者』『哲学・航海日誌1, 2』『ここにないもの――新哲学対話』(中公文庫)，『大森荘蔵――哲学の見本』『語りえぬものを語る』(講談社学術文庫)などがある．訳書にウィトゲンシュタイン『論理哲学論考』(岩波文庫)などがある．

そっとページをめくる――読むことと考えること

2019年7月25日　第1刷発行
2021年1月25日　第4刷発行

著　者　野矢茂樹《のやしげき》

発行者　岡本　厚

発行所　株式会社 岩波書店
〒101-8002 東京都千代田区一ツ橋2-5-5
電話案内 03-5210-4000
https://www.iwanami.co.jp/

印刷・三秀舎　カバー・半七印刷　製本・牧製本

ISBN 978-4-00-023740-6　Printed in Japan